LES

# CHATEAUX DE MON ENFANCE

(AUVERGNE ET BOURBONNAIS)

TIRAGE DE CETTE ÉDITION :

200 exemplaires sur papier de Hollande.
5 — sur papier Whatman.
5 — sur papier de Chine.

*La série des Eaux-fortes se vend séparément.*

Rue du Commerce à Riom ... Eglise du Marthuret

COMTE HENRY D'IDEVILLE

LES

# CHATEAUX

## DE MON ENFANCE

AUVERGNE ET BOURBONNAIS

> Que sont-ils devenus, les chagrins de ma vie ?
> Tout ce qui m'a fait vieux est bien loin maintenant,
> Et, rien qu'en regardant cette vallée amie,
> Je redeviens enfant.
>
> ALFRED DE MUSSET.

*Dix Eaux-fortes par Martial*

A PARIS

AUX BUREAUX DE *PARIS-GRAVÉ*

52, Rue Basse-du-Rempart, 52

M DCCC LXXVII

LES

# CHATEAUX DE MON ENFANCE

(AUVERGNE ET BOURBONNAIS)

---

## CHAPITRE PREMIER

Le château de Saulnat. — La chambre natale. — La terre d'Auvergne. — Première enfance. — L'entrée en vacances. La cour des messageries. — L'arrivée. — Mon grand-père le comte de Sampigny. — Le parc de Saulnat. — Les voisins du château de Maupertuy. — Le baron de Gartempe. — Progression de la valeur des terres (1564-1876). — Davayat, Pontmort. — Les Ferrand de Fontorte et les Fretat.

Le château de Saulnat est situé à une lieue de Riom, en pleine Limagne, à deux kilomètres du chemin de fer et de l'ancienne route royale du Bourbonnais. C'était dans mon enfance une vieille habitation

Louis XIII, au toit élevé, aux mansardes de pierre. D'immenses peupliers plantés dans les fossés ombrageaient le château. J'entends encore le bruissement de leurs feuilles pendant les nuits d'automne à travers les mugissements du vent; il me semble respirer encore au matin le parfum âcre et pénétrant des feuilles jaunies qui jonchaient la terre.

Saulnat était surtout remarquable par son grand parc aux larges avenues gazonnées, plantées d'arbres séculaires : chose presque unique, dit-on, dans cette partie de l'Auvergne, que 40 hectares d'un seul tenant entourés de murs. L'habitation et l'enceinte du parc furent en partie reconstruites par mon grand-père le comte de Sampigny, homme de goût et aimant les arts, ce qui se rencontrait souvent en Auvergne au dernier siècle.

C'est dans une chambre du château, vaste chambre tendue en tapisseries de verdure, qu'est née ma mère; c'est là, dans cette même chambre, que mon frère et moi sommes nés; là enfin qu'une de mes filles est venue au monde en l'année 1866 : trois générations sorties de cette même maison! — Aussi, bien que le domaine de Saulnat ne nous appartienne point, étant la propriété d'un de mes cousins, nul endroit en ce monde ne m'est aussi précieux que ce modeste berceau de tous les miens. Mes plus chers, mes plus lointains souvenirs d'enfance me rattachent à la terre d'Auvergne, que j'aime entre toutes les autres. J'avoue franchement que je ne connais point de pays meilleur, plus pittoresque et plus beau. Après une absence, il ne m'est jamais arrivé d'entrevoir la cime de mon Puy-de-Dôme et sa chaîne de montagnes sans que mon cœur oppressé se soit épanoui d'attendrissement. Peut-être est-ce une impression toute physique; mais, d'aussi loin que je me souvienne, cette impression a toujours été aussi vive, aussi profonde.

Ah! les gais retours d'il y a trente ans, après les mois d'exil au collége! Vous en souvenez-vous, cousine? Quelle hâte pour quitter Paris! Je la vois encore dans son joyeux encombrement, la cour des *Messageries Notre-Dame-des-Victoires*. C'est de là qu'aux premiers jours d'août, s'élançait la volée de collégiens de Paris pour s'éparpiller dans toute la France.

Quelle joie, quelle ivresse, lorsque, perchés sur l'impériale de la diligence, nous sentions s'ébranler la lourde machine! Le conducteur sonnait sa bruyante fanfare. Voitures et passants de se garer avec respect, tandis qu'à travers les méandres de la rue Saint-Honoré et de la vieille ville, les six chevaux blancs conduits par le postillon alerte nous emportaient à grande vitesse vers la barrière Fontainebleau. Et puis, venaient les incidents de route, les relais dans les villages, les côtes montées à pied, les intimités de voyage, le dîner à table d'hôte, la traversée des villes au petit jour, à l'heure où la servante matinale ouvre la fenêtre, et au moment où la bonne odeur du pain annonce aux habitants le réveil.

Une lieue après le relais de Gannat [1], nous entrions en Auvergne; la haute colonne qui marquait la séparation des deux provinces existait il y a quelques années encore. La physionomie du pays changeait brusquement : de longues rangées de noyers abritaient la route; les parfums de notre terre féconde nous semblaient tout différents; les paysans, les chariots, les animaux eux-mêmes, prenaient à nos yeux un autre aspect.

Du haut de notre belvédère ambulant, nous dominions la plaine. Je respirais à pleins poumons l'air natal, je le buvais avec ivresse. Puis, tout à coup, un cri de joie s'échappait de ma poitrine lorsque, entre Gannat et Aigueperse, à la hauteur de la butte de Montpensier[2], la chaîne de nos montagnes et le bien-aimé Puy-de-Dôme apparaissaient à l'horizon dans toute leur majesté. Les villages, les champs, les maisons, les arbres, tout devenait familier pour moi; les objets inanimés semblaient me reconnaître et saluer mon retour, et je me découvrais en apercevant le vieux clocher de Cellule, ma paroisse.

Enfin, à l'entrée du petit bourg du *Cheix*, devant l'auberge, de loin, de bien loin, mes yeux de douze ans distinguaient un groupe qui me faisait battre le cœur : c'était ma mère, mon vieil oncle le chevalier de Forget, le cocher Prosper avec ses deux grands bais-bruns, et la bonne vieille gouvernante Marguerite. Je piétinais, en agitant la tête; mes yeux brillaient d'émotion et de joie, tandis que mes mains impatientes saisissaient déjà les courroies de la diligence pour dégringoler de son sommet. Bref, je ne sais comment je me trouvais à terre dans leurs bras, étouffé sous les baisers et sous les larmes de ma pauvre mère.

Mon grand-père maternel, Ignace-Hyacinthe de Réhès, comte de Sampigny d'Issoncourt de Bussière, avait d'assez beaux états de service, bien que n'ayant guère fait parler de lui. « Chevalier, seigneur de Saulnat, né à Riom le 18 novembre 1738, il fut élevé au collége militaire d'Effiat. Lieutenant dans le régiment de Royal-Marine, compagnie de Mauduit, par brevet du 25 décembre 1755; capitaine audit régiment par commission du 21 décembre 1764; lieutenant des maréchaux de France de la sénéchaussée de Riom le 3 juillet 1771. A fait les siéges de Mahon sous les ordres du maréchal de Richelieu en 1756; a servi en Amérique, à la Martinique, de 1763 à 1768; chevalier de Saint-Louis en 1782. Mort à Riom en 1817. »

Mon grand-père avait pour son domaine de Saulnat une affection toute particulière. Il le fit restaurer à grands frais, bâtit des communs et releva entièrement les murs du parc. En pleine Limagne, dans ce jardin fertile où la terre est divisée, émiettée comme un jardin entre les paysans propriétaires, une telle étendue de terrain était déjà, au dernier siècle, fort rare. Après le château d'Effiat, cette magnifique et luxueuse habitation achetée lors de la mort du marquis d'Effiat par mon bisaïeul, le comte de Sampigny de Réhès, le domaine de Saulnat était, il y a quelques années, l'unique propriété de la basse Auvergne ornée d'un grand parc entouré de murs. Effiat est détruit, Saulnat est intact : pour combien de temps ? Hélas ! qui le sait ?

Après avoir servi dans l'armée du roi Louis XVI, mon grand-père revint au pays et fut nommé lieutenant des Maréchaux de France pour la province d'Auvergne : superbe titre, très-pompeux, très-honorable sans doute, mais à peu près honorifique. Le lieutenant de NN. SS. les Maréchaux de France était une sorte de juge de camp, d'arbitre dans les affaires d'honneur et querelles qui pouvaient s'élever entre officiers et gentilshommes de la province.

Mon grand-père eut trois enfants : un fils, mon oncle Henry de Sampigny, et deux filles. L'aînée, mariée fort jeune au chevalier de Forget, mourut en 1812, alors que ma mère, sa sœur cadette, avait à peine dix ans. M. de Forget, après la mort de son beau-père et de sa femme, devint le tuteur et servit en quelque sorte de père à son beau-frère et à sa jeune belle-sœur. C'est ainsi que l'enfance et la jeunesse de ma mère s'écoulèrent tout entières au château de Saulnat.

Alors, comme aujourd'hui, les plus proches voisins et amis de la maison de Saulnat étaient les habitants du château de Maupertuy. Situé à une demi-lieue de Riom, sur la route de Randan et sur le chemin de fer, le domaine de Maupertuy appartient depuis plus d'un siècle à la famille Voysin de Gartempe[3]. C'est une coquette maison à l'italienne avec terrasses, rebâtie sous Louis XV. Le propriétaire actuel, le baron Emmanuel de Gartempe, l'ami de toute ma famille, est aimé et estimé de tous dans le pays. Il partage le même amour que nous pour notre vieille Auvergne, où les siens ont laissé tant de bons souvenirs.

Nous avons retrouvé dans les papiers de famille des titres de propriété bien curieux, qui remontent à l'an 1564 et qui donnent de siècle en siècle la progression de la valeur des terres.

En 1564, le domaine de Maupertuy fut acquis par un Forget de la ville de Maringues pour la somme de 500 livres.

En 1622, dans des partages de famille, cette même terre est attribuée à M. Annet Forget pour 850 livres.

En 1729, un M. de Forget vend ladite terre de Maupertuy pour la somme de 43,000 livres à M. Le Normant de Flaghac, fermier général. Cette famille a été célèbre par ses trois frères, fermiers généraux : Le Normant d'Étioles, mari de la trop célèbre marquise de Pompadour; Le Normant de Turnehem et Le Normant de Flaghac. Ce dernier eut seul une postérité; son arrière-petit-fils était récemment député de la droite à l'Assemblée nationale.

En 1759, M. Le Normant de Flaghac vendit à M. Teilhot, conseiller du roi, receveur général des finances et bisaïeul maternel du baron Voysin de Gartempe, la terre et dépendance de Maupertuy pour 120,000 livres, plus douze coffrets de confiture sèche (pâte d'abricot) et une caisse de pommes de Calville rouge pendant sa vie. — Aujourd'hui, la propriété de Maupertuy vaut plus de 500 mille francs.

Faut-il s'en réjouir? faut-il le regretter? — Pour moi, je reviendrais gaiement à l'an de grâce 1759, au temps où M. de Flaghac, vendant sa terre, se réservait sa provision de pommes de Calville, sa vie durant.

Derrière les murs du parc de Saulnat, au milieu de clairs ruisseaux et des prés, caché sous de magnifiques ombrages, se trouve le château de Davayat, habité par le vicomte de Bar[4] et sa famille, encore d'excellents amis de la maison de Saulnat. Plus loin, d'un autre côté, sur la route de Paris, au petit village de Pontmort et à peu de distance du bourg de Cellule, vivaient des parents à nous, les Ferrand de Fontorte[5], bonne et aimable famille, dont le dernier représentant est notre cousin Alphonse de Fontorte. Quant à l'âge de celui-là, il ne saurait nous échapper : ne s'est-il pas avisé de naître la même nuit, à la même heure que nous (16 juillet 1830) ! Le vieux docteur Deval, le grand médecin de Riom, à cette époque, courait de l'un à l'autre des chevets des deux cousines. Enfin, les deux petits paroissiens de Cellule arrivèrent à bon port, grâce à Dieu et au brave docteur. Eux aussi ont fait souche de petits Auvergnats. Mon cousin a épousé la fille d'un de nos meilleurs voisins, le baron de Fretat, propriétaire du château de Pontmort. Aujourd'hui, déjà arrière-grand-père : sa petite-fille, ma toute jeune cousine, Élianne Ferrand de Fontorte, a épousé, l'an dernier, M. Raoul de la Brunetière.

# NOTES

## DU CHAPITRE PREMIER

1. *Gannat,* sous-préfecture de l'Allier, ancienne ville forte, située à l'entrée de l'Auvergne. Ses armes étaient deux chardons avec cette devise : *Qui s'y frotte s'y pique, si gan n'a,* devise parlante, à la fois fière et gauloise.

Bien que la petite ville soit bourbonnaise, elle se rapproche beaucoup des cités auvergnates. Il est à remarquer que les villes du département de l'Allier (ancien Bourbonnais) n'ont point, comme celles des départements d'Auvergne, un lien commun d'origine, de caractère, de langage et de mœurs. Le Bourbonnais n'est point en vérité une province homogène. En effet, tandis que Gannat semble appartenir à l'Auvergne, Montluçon et ses environs à la Marche, certaines parties avoisinant le Forez et la Bourgogne tiennent tout à fait de ces provinces.

Gannat avait fait partie de l'Auvergne jusqu'au temps de Philippe-Auguste, — c'était déjà au XIII^e^ siècle une ville assez importante, châtellenie du Bourbonnais. — Elle reçut en 1236 sa charte d'affranchissement, qui lui fut confirmée en 1367. — Quoique ville fortifiée, elle eut peu à souffrir des guerres et des invasions. Dans la guerre de la Praguerie, on raconte qu'elle ouvrit ses portes, sans résistance et avec *moulte joie*, à Charles VII, et dut ainsi de conserver son repos et son indépendance. — Pendant la Ligue, elle tint, comme Clermont-Ferrand, pour Henri IV, qui lui confirma ses priviléges par une charte de 1596. Gannat était en outre une ville fort religieuse, riche en églises et communautés, chef-lieu d'une élection, d'un bailliage, siége de justice royale et de maréchaussée. — Aux environs de Gannat se trouve la célèbre chapelle de Sainte-Procule, l'objet d'un pèlerinage qui attire un grand concours d'habitants d'Auvergne et du Bourbonnais. — La pieuse légende de sainte Procule est fort accréditée dans le pays. La voici : Fille unique d'un puissant seigneur et douée de merveilleuse beauté, la jeune vierge avait résolu de se consacrer à Dieu, malgré les poursuites de Gérard, comte d'Aurillac. Ceci se passait au IX^e siècle. Pour se soustraire aux persécutions de sa famille et de son adorateur, Procule se réfugia dans les environs de Gannat et vécut au milieu des paysans. — Le comte d'Aurillac étant parvenu à découvrir la retraite de la jeune fille, réitéra ses instances. Rien n'y fit, si bien qu'outré de ses refus et guéri de son amour, le cruel fit trancher la tête de celle qu'il avait tant aimée. Procule se releva, prit sa tête entre ses mains et se rendit à Gannat, à l'église de Sainte-Croix, après s'être reposée cinq fois sur son chemin.

2. Sur la butte de *Montpensier* existait autrefois un château considérable. Le duché de Montpensier appartenait à la maison de Bourbon. C'est à Montpensier, près Aiguеperse, que mourut Louis VIII, au retour de sa croisade contre les Albigeois. La chronique raconte que le monarque y mourut victime de sa piété et de sa fidélité conjugale. La reine Blanche de Castille, en effet, ne put arriver au château de Montpensier qu'après la mort de son époux. Aujourd'hui plus de trace de construction sur la butte de Montpensier ; on retrouve seulement une source empoisonnée, dont le voyageur altéré doit s'éloi-

gner avec terreur : les gaz méphitiques qu'elle contient et qui s'en dégagent font mourir les oiseaux; on en rencontre souvent d'asphyxiés sur les bords de la fontaine.

3. La famille *Voysin de Gartempe* n'est pas originaire d'Auvergne. C'est une famille illustre du Parlement de Paris et de Bordeaux, qui a donné, entre autres : François Voysin, conseiller au Parlement de Bordeaux, député de Paris sous la Fronde, et dont il est beaucoup parlé dans les *Mémoires du cardinal de Retz*; Charles-François Voysin, conseiller d'État, prévôt des marchands de la ville de Paris en 1648; Daniel Voysin, conseiller d'État et intendant d'Auvergne, 1648-1655; Daniel-François Voysin, ministre de la guerre, chancelier de France à la fin du règne de Louis XIV; Jean-Baptiste Voysin, baron de Gartempe, conseiller au Parlement de Bordeaux en 1785, devint pair de France et conseiller à la Cour de cassation en 1820. Son fils H.-F. Voysin, baron de Gartempe, avocat général à Riom à vingt-cinq ans, en 1829, siégeait quelques années plus tard, en même temps que son père, à la Cour de cassation. C'était le père du baron Emmanuel Voysin de Gartempe, aujourd'hui habitant de Maupertuy.

4. Le *vicomte de Bar* a épousé M^lle de Salvert, de Riom; sa mère était M^lle de Vichy Champrond, nièce de l'évêque d'Autun. Le prélat, amateur distingué, possédait une galerie de tableaux et a légué à son neveu, en même temps que sa collection, son goût éclairé des arts. A la famille de Vichy appartenait la marquise du Deffand, la célèbre amie du philosophe et sa spirituelle correspondante.

On voit à *Davayat* un menhir, le plus volumineux du département : il a près de deux mètres de large, et cinq de haut. Le bailli de la baronnie de Vaux, dont dépendait Davayat, y tenait ses assises — La patronne du village est sainte Flamine, née dans ce lieu, et massacrée comme chrétienne sous les empereurs Dioclétien et Maximien (IIIe siècle). On montre la pierre auprès de laquelle elle se réfugia pour échapper à ses bourreaux : c'est le piédestal d'une colonne milliaire romaine. (*Dict. du Puy-de-Dôme*, par Amboise Tardieu, 1877.)

5. François *Ferrand*, seigneur *de Fontorte*, près Gannat, procureur du roi au bureau des finances de Riom en 1720, eut un fils et un petit-fils qui occupèrent le même emploi. Ce dernier épousa, en 1750, Jeanne-Antoinette de Sampigny, sœur de mon grand-père. — Michel Ferrand de Fontorte, officier de cavalerie au régiment de Royal-Navarre, marié en 1785 avec Françoise d'Anglars, assistait à l'Assemblée de la noblesse de la sénéchaussée de Riom en 1789.

Pierre *de Fretat*, conseiller du roi et président de l'élection de la basse Auvergne. — Député aux États de Blois en 1588, il fut envoyé par la ville de Riom pour porter aux pieds de Henri IV l'acte de soumission de la ville, en 1594. — C'était une famille d'enragés ligueurs. — Le frère Pierre de Fretat fut élu abbé de la Chaise-Dieu en 1588. — François de Fretat, évêque de Saint-Brieuc, en Bretagne, mourut en 1712. — Les magistratures de Clermont et de Riom ont compté plusieurs membres de la famille de Fretat. — Louis de Fretat, comte de Boissieux, aide de camp du maréchal de Villars, son oncle, en 1704, fut un général distingué, brigadier d'armée en 1719, maréchal de camp en 1734 et lieutenant général; il mourut en Corse en 1739. — M. de Fretat de Chirat, chevalier de Saint-Louis, était maire de Riom en 1822.

Maupertuis en Auvergne

# CHAPITRE DEUXIÈME

Mon oncle le chevalier de Forget. — Caractère de notre famille. — Émigrés et bonapartistes. — Émilie de Beauharnais, comtesse de Lavalette. — La vie de mon père. Son dévouement à l'Empire. — Un vieux gentilhomme de province. — Événements de famille. — Le paquet de lettres. — Les chroniques de la vieille tante. — Le château de Villeneuve.

Au temps de mon enfance, le propriétaire de Saulnat, mon oncle le chevalier de Forget, était déjà un beau vieillard qui ne datait point d'hier. Né en 1759, il entra aux mousquetaires en 1774, cadet gentilhomme en 1776, sous-lieutenant en 1777, lieutenant en 1782, capitaine en 1788 et chevalier de Saint-Louis; il émigra en 1791, joignit l'armée des princes en 1792. Marié le 27 décembre 1784 à demoiselle Amable de Sampigny, la sœur aînée de ma mère, il mourut en 1844.

Chose bizarre, qu'il nous faut bien constater, presque tous, les uns ou les autres, dans la famille, faisons d'assez brillants débuts; puis, nous en restons là, presque toujours. — Décidément, nous n'avons point en nous l'aptitude nécessaire pour les emplois, et le goût assez prononcé pour les honneurs. On nous a reproché souvent, paraît-il, un caractère trop indépendant et un manque absolu de souplesse. Hélas! nul ne saurait échapper à sa destinée : c'est dans le sang.

Le chevalier de Forget avait un fils unique, presque du même âge que ma mère, et c'est ainsi que la jeune tante et le neveu furent élevés ensemble. Mon vieil oncle, tout ancien émigré et chevalier de Saint-Louis qu'il était, comme mon grand-père, était loin d'avoir pour l'Empire cette aversion que tant de hobereaux de province avaient vouée à l'ogre de Corse. Il différait essentiellement, sous ce rapport, de son beau-frère, M. de Féligonde[1], député d'Auvergne sous la Restauration et un des chefs du parti royaliste. C'était le plus honorable des hommes, entouré du respect de tous, mais sincèrement attaché à ses princes et à la cause du roi légitime. Aussi, quelles clameurs lorsque, en 1817, le chevalier de Forget fit épouser à son fils, auditeur au Conseil d'État, M^lle Joséphine de Lavalette, fille de M^lle Émilie de Beauharnais, nièce de l'impératrice Joséphine, et du comte de Lavalette, ancien officier d'ordonnance du Premier Consul en Égypte, directeur général des Postes et condamné à mort en 1815 par la Restauration.

C'était le comte de Montlosier[2], notre célèbre compatriote, ami intime de M. de Lavalette, qui avait eu l'idée de ce mariage fusionniste. Quelques années après, le chevalier de Forget donnait ma mère, sa pupille, Marie Adélaïde de Sampigny, à un autre auditeur au Conseil d'État, ancien secrétaire du cabinet de l'Empereur et exilé après les Cent-Jours. Le comte de Lavalette avait pour mon père une affection profonde, et ce fut lui-même qui voulut le faire entrer dans la nouvelle famille de sa fille.

Quel enchevêtrement, quel contraste, quand j'y songe, dans l'existence, dans les opinions, dans les sentiments politiques de notre famille!

N'est-ce pas, hélas! un peu l'histoire de toutes celles que je vois autour de moi? — Ma mère, fille d'un soldat de Louis XVI, émigré, chevalier de Saint-Louis, ultra-royaliste. — Mon père, Louis-Élisabeth Le Lorgne d'Ideville[3], fils et petit-fils de magistrats de Paris, attaché à seize ans à la secrétairerie des Consuls, avec son beau-frère le baron Fain, devenant passionné serviteur et séide du général Bonaparte et de Napoléon le Grand.

Tous en étaient là alors; le frère aîné de mon père se faisait tuer à Trafalgar, tandis que leur cousin germain, le marquis de Selves, s'engageait et devenait, lui aussi, admirateur du Corse.

Mon père fut plus étroitement lié, je dois le dire, à la bonne et mauvaise fortune du héros. Après l'avoir servi, comme apprenti diplomate, à Dresde et à Saint-Pétersbourg, et auditeur au Conseil d'État, l'avoir accompagné sur les champs de bataille, en qualité d'attaché à son cabinet, il ne l'abandonnait qu'au seuil de l'exil, dans la cour de Fontainebleau, le matin du 19 avril 1814. Enfin, après sa chute, il se faisait poursuivre, emprisonner et proscrire, toujours pour lui!

En vérité, c'était trop! Les temps sont différents sans doute. — Toutefois, en ce qui nous concerne, il nous serait impossible, nous l'avouons, d'atteindre, pour l'amour d'une simple cause politique, ces hauteurs sublimes de dévouement naïf, la plupart du temps méconnu!

Dussions-nous être taxé de scepticisme, nous avouons que notre cœur, aujourd'hui, s'ouvre beaucoup moins volontiers à l'enthousiasme qu'à l'indifférence et au mépris. Les choses de la politique en sont venues à un tel point que, quelles que soient nos préférences, nous jurons que le premier régime monarchique sérieux sera sincèrement acclamé par nous. Combien, dans ce joli pays de France, sans oser le dire, sont logés à notre enseigne! — En dépit de cet entraînement factice fait de terreur, de lassitude et d'hypocrisie, qui semble pousser à la République, nous ne pourrons jamais nous résoudre à estimer, à comprendre, à supporter ce régime. Or, devant cette dite République, la vraie, s'entend, la seule qui soit logique, conséquente avec ses origines et ses principes, c'est-à-dire la République radicale, jacobine et athée, nous n'hésitons point à résister et à nous insurger. Ce jour-là, nous n'émigrons plus comme les grands-pères et les grands-oncles. Tout humbles et tout paisibles que nous sommes, nous deviendrons lions enragés, purs Vendéens, prêts, cette fois, à tenir la campagne et à vendre chèrement notre peau pour défendre nos croyances, notre famille et notre vie!

Après 1830, je retrouve mon père député et défenseur des idées nouvelles dans la personne de Louis-Philippe, avec le comte Molé et le duc de Broglie, ses anciens camarades comme lui auditeurs au Conseil d'État, enfin avec M. Guizot.

Quant à ses deux fils, mon frère et moi, l'un officier de marine, l'autre diplomate, nous voici ayant déjà servi, mon frére le Roi, moi la Présidence, le nouvel Empire et le Maréchal Président celui du 24 mai).

Quel amalgame, grand Dieu! quelle confusion, quel trouble dans les âmes, dans les consciences les plus droites, les plus fermes et les plus austères! N'est-ce point là le plus clair de nos révolutions et de nos discordes civiles?

Mon enfance jusqu'à ma réclusion au collége Rollin, en l'an 1841, s'est écoulée presque tout entière au château de Saulnat. Ma mère, élevée par le mari de sa sœur, avait pour lui une affection filiale, et mon frère et moi avons toujours considéré notre vieil oncle comme notre aïeul. Le chevalier de Forget était un vieillard plein de verdeur, d'originalité et d'esprit. Peu de temps avant sa mort, il montait encore à cheval, aussi alerte qu'un jeune homme; nul ne contait avec plus de finesse, entremêlant ses propos de traits de malice et de bonhomie.

Les souvenirs et les anecdotes de sa jeunesse étaient surtout fort piquants. Il avait connu Voltaire et les philosophes, la reine Marie-Antoinette, et tous les personnages de ce temps. Lorsqu'il épousa la sœur de ma mère en 1784 et vint habiter Saulnat, le mousquetaire gris rapportait de la cour de Versailles un parfum d'élégance et de scepticisme qui, je dois le dire, ne l'a jamais complétement abandonné. Je me rappelle que, l'année où il mourut, en 1844, un soir que ma mère l'interrogeait sur ces vieux temps, il s'adressa à moi:

« Souviens-toi, petit, me dit-il, que le premier souper de ton vieil oncle eut lieu chez la Dubarry. Tu raconteras cela un jour à tes petits-enfants : la chose leur paraîtra incroyable. »

Le chevalier de Forget, rentré en Auvergne après l'émigration, ne quitta plus sa province et vécut comme tant d'autres de cette plantureuse vie de château, si utile et en même temps si attrayante lorsque le châtelain est par hasard simple, intelligent et bienfaisant. Mon oncle, du reste, était adoré de tout son entourage. Levé à l'aube en toute saison, lorsqu'il n'était point surpris dormant sur sa *Gazette de France*, on était sûr de le rencontrer au fond du parc, causant en patois avec les gens de la ferme, visitant ses cultures, animant les uns et les autres de sa belle humeur et de sa verte vieillesse. Ma mère passait le printemps dans sa terre du Bourbonnais, et, vers la fin de l'été, allait régulièrement avec nous s'installer à Saulnat, auprès du chevalier, qu'elle n'avait jamais cessé, elle aussi, d'appeler son oncle et de traiter comme un père.

Ma mère, le cœur le plus tendre, le plus dévoué,

avait redoublé de sollicitude et d'affection pour son beau-frère depuis la mort de son fils, notre cousin germain, le baron de Forget.

Cette mort fut un événement des plus tragiques. Après avoir donné sa démission de préfet en 1834, mon cousin habitait son château de Pagnant[1], près de Randan. Un jour, accompagné de son fils aîné et de son dernier fils, il voulut, comme d'habitude, traverser à gué la rivière de l'Allier, vers la hauteur de Maringues, en revenant du château de la Terrasse, appartenant à son oncle, M. de Rigaud. Mais une crue violente étant survenue pendant la nuit, la voiture fut emportée, et le malheureux père disparut en cherchant à sauver le plus jeune de ses enfants. Malgré des efforts inouïs, l'aîné de mes cousins, Eugène, le seul survivant aujourd'hui de la famille de Forget, ne parvint à retirer de l'Allier que deux cadavres et revint seul au château de Saulnat. Quel épouvantable retour!

J'avais à peine six ans lorsque survint cette catastrophe (1836); l'impression profonde qu'elle me causa ne s'est jamais effacée. M<sup>me</sup> de Forget, retenue à Paris par l'éducation de ses enfants et surtout par l'état de sa mère, la célèbre comtesse de Lavalette-Beauharnais, abandonna tout à fait notre Auvergne après la mort de son mari et de son jeune fils.

Aussi, avec quelle impatience était attendue à Saulnat l'arrivée de ma mère, lorsque celle-ci débarquait avec ses enfants, auprès du vieux châtelain ! Mon père, que ses occupations et la politique retenaient à Paris ou en Bourbonnais, faisait un grand sacrifice en se séparant des siens pour les envoyer en Auvergne ; mais sa tendresse profonde pour ma mère, qu'il savait heureuse et mieux portante dans son pays natal, lui faisait supporter son isolement.

J'étais bien jeune lorsque je perdis ma mère. Mon père, qui avait vingt ans de plus qu'elle, ne s'en consola jamais. Il ne me souvient pas avoir rencontré en ce monde, intérieur plus uni, plus intime et plus tendre. Cette confiance absolue, ce bonheur sans mélange, cette union si parfaite de l'esprit et du cœur sont trop rares pour que je ne sois pas fier de le rappeler en parlant des chers miens.

L'été dernier, en Bourbonnais, fouillant dans

la bibliothèque de mon ſrère, je suis tombé sur un carton poudreux contenant de nombreux petits rouleaux étiquetés, depuis l'année 1826 jusqu'à l'an 1845. En les ouvrant, j'ai vite reconnu deux chères écritures, celle de notre père et celle de notre mère. C'était la correspondance échangée entre eux pendant qu'ils étaient éloignés l'un de l'autre.

Je ne saurais dire combien la vue de ces feuilles jaunies par le temps m'a causé d'émotion; puis, lorsque je me suis mis à les lire, les larmes ont bientôt obscurci mes yeux. A chaque ligne je retrouvais la trace vivante et bénie de nos morts adorés. Le nom de mon frère et plus tard le mien se retrouvent presque à chaque page. Je ne puis dire à quel point ces révélations de notre enfance et de notre jeunesse m'ont ému et attendri.

La plupart des lettres de ma mère sont datées de Saulnat ou de Vichy, celles de mon père de Paris. Sans parler de ces élans touchants d'une tendresse pleine d'abandon, les lettres de l'un et de l'autres. [illegible] de petits chefs-d'œuvre d'esprit et de sentiment.

Ma mère, avec une délicatesse et un charme exquis, rend compte à mon père de ses impressions les plus intimes. Elle lui fait le récit de la vie qu'elle mène : de ses courses à Riom, à Clermont, des visites du voisinage, des petits événements de la maison et du village, tout cela sous un tour naturel et plein de finesse.

Mon père, de son côté, de la façon la plus piquante et la plus gaie, met sa jeune femme au courant de ses occupations de Paris. Il l'initie aux mystères de la politique, lui fait des héros du jour et de ses collègues à la Chambre des portraits frappants et malicieux. Il lui conte l'ennui des banales réceptions officielles et des diners à la Cour. Chacune de ses lettres se termine par des regrets infinis, des soupirs envoyés à l'absente, accompagnés de projets d'avenir. Puis, plus tard, ce sont les enfants qui occupent la grande place, la meilleure dans les lettres. Comme nous étions aimés l'un et l'autre! Quelles angoisses causées par mon frère que la vocation de marin éloignait de nous à quinze ans! Comme on le regrette, comme on l'espère!

Chaque allée du parc, chaque coin de la vieille maison de Saulnat éveille en nous un souvenir! C'est là, dans ce petit salon, près de la chambre du chevalier, que se passaient nos soirées d'hiver. J'étais bien enfant alors, et cependant je me souviens, comme si c'était d'hier, des histoires d'une grand'tante, sœur de ma grand'mère, qui venait, à la saison pluvieuse, s'installer quelques semaines au château.

La bonne dame Fayolle de Chaptes était déjà bien âgée à cette époque; toutefois elle avait dans le caractère tant de gaîté, d'indulgence et de belle humeur que, malgré ses années, tout le monde la recherchait à Riom. Elle avait conservé d'une grande beauté ce parfum de grâce que les années et les cheveux blancs n'enlèvent jamais. Sa mémoire était surprenante; nul ne savait mieux qu'elle les anecdotes du temps passé, les chroniques de famille et les généalogies de toute la province. J'ignore où elle avait appris tant de choses; mais chaque fois que j'allais, plus tard, la visiter dans sa petite maison de Riom, je ne pouvais m'arracher à ses récits.

C'est surtout en province que l'on rencontre ces types charmants de gaies douairières chroniqueuses. Autour de leur fauteuil d'octogénaire, les jeunes viennent à tour de rôle se grouper et apprendre d'elles les faits et gestes de la génération qui disparaît. Les légendes de la Révolution et de la Terreur dans notre Auvergne tenaient grande place dans les récits de notre vieille tante. Que de fois avons-nous frissonné en l'écoutant la bouche ouverte, non sans tourner derrière nous la tête et nous rapprocher de notre bonne mère! Celle-ci, de son doux et joli sourire, nous rassurait en serrant dans ses mains nos petites mains tremblantes.

Certains souvenirs d'enfance se gravent si profondément dans notre mémoire que rien ne saurait les effacer; c'est ainsi que j'ai encore présent à l'esprit certaines visites faites avec ma mère et mon oncle chez son neveu M. de Féligonde, au château de Villeneuve[5], visites qui remontent, j'ose à peine l'avouer, à plus de quarante ans. Cet imposant manoir féodal, rebâti au commencement du XVIe siècle, est des plus curieux. Il me semble voir se dresser dans ce site sauvage la silhouette de ces tours massives et de ces grands arbres. — D'autre fois, la vieille calèche et le cocher Prosper nous conduisaient chez un autre des neveux de mon oncle de Forget, M. Paul de Féligonde. Là, ce ne sont plus les arbres ni les tours qui viennent hanter ma mémoire, mais une troupe joyeuse de charmants enfants de mon âge, avec lesquels je prenais mes ébats. — Au retour, nous passions par le château de Malozat, habité par une de nos cousines, la marquise de Saint-Amand, née de Sampigny d'Issoncourt.

Les événements et l'âge nous ont rendu sans doute moins sociable, presque sauvage; cependant avec quel bonheur, je le sens, retournerions-nous vers ce passé!

# NOTES

## DU CHAPITRE DEUXIÈME

1. Michel-Claude *Pélissier de Féligonde*, né à Clermont-Ferrand en 1765, mort en 1845 dans la même ville, appartenait à une famille ancienne de la province d'Auvergne. Quatre frères de son père furent prêtres et se distinguèrent par leur piété, leur science et leur dévouement. — L'un de ses oncles et son père même moururent, en 1767, victimes de leur zèle, dans la célèbre épidémie qui affligea Clermont à cette époque. — Le dernier des quatre frères prêtres mourut missionnaire au Canada. — Michel-Claude de Féligonde fit son droit à Bourges, sous la surveillance de son oncle, M. Dufour de Villeneuve, intendant du Berry. — Possesseur à vingt ans d'une grande fortune, il s'adonna à l'agriculture et aux bonnes œuvres. Ceci, naturellement, le désigna au Comité révolutionnaire ; il fut arrêté à Clermont, en 1793, sur l'ordre de Couthon, et demeura plusieurs mois dans les prisons de la ville. En 1800, il accepta les fonctions gratuites de receveur et d'administrateur des hospices, et, en 1814, soignant les prisonniers de guerre atteints du typhus, il faillit devenir

victime de sa charité, comme l'avaient été son père et son oncle. — En 1815, Clermont l'envoya député à Paris; il fut réélu aux élections générales de 1825, 1827 et 1830. — Partisan très-dévoué et très-sincère des institutions monarchiques, mais plein de modération, il refusa cependant d'accepter le mandat de ses électeurs en 1830 et donna sa démission. — Il laissa trois fils, dont l'un, le seul survivant, M. Eustache Pélissier de Féligonde, était, il y a deux ans, député de la droite modérée à l'Assemblée de Versailles. — L'un des fils de ce dernier, M. Anatole de Féligonde, ancien secrétaire du président du Sénat impérial, M. Troplong, est aujourd'hui conseiller référendaire à la Cour des comptes. — Son jeune frère, Michel de Féligonde, engagé comme zouave pontifical en 1870, fut tué à dix-sept ans, en héros, à la bataille du Mans.

2. *Reynaud,* comte *de Montlosier* (François-Dominique), né à Clermont-Ferrand en 1755, mort dans la même ville le 9 décembre 1838. Peu d'existences furent aussi tourmentées, aussi remplies que celle de notre célèbre compatriote de Montlosier. — Imagination vive, caractère indépendant, insociable, il avait cette impétuosité, cette franchise, cette liberté de penser qui distingue particulièrement les Auvergnats.

« Sa renommée, dit M. de Barante, est pour ainsi dire une propriété de l'Auvergne. Parmi les hommes qui ont honoré notre province, nul peut-être n'a mieux rappelé le caractère qu'on attribue généralement à ses habitants. Cet esprit qui n'est pas, dit-on, assez sociable, mais qui garde plus d'originalité personnelle; cette obstination en son propre sens. cette sauvagerie montagnarde, qui sont remarqués dans les hommes d'Auvergne, étaient en lumière et en saillie chez M. de Montlosier. » — Député de la noblesse de Riom à la Constituante, il se montra l'adversaire ardent du parti libéral, bien qu'il y eût en lui un grand fonds de libéralisme; mais les procédés révolutionnaires le révoltaient. On connaît de lui ce mot célèbre, en parlant des évêques : « Vous leur ôtez leur croix d'or, ils prendront une croix de bois... C'est la croix de bois qui a sauvé le monde. » Toutefois M. de Montlosier, avec son caractère indiscipliné, son éloquence abrupte et ses théories, mélange incohérent d'idées royalistes, féodales, libérales, irritait le parti des novateurs sans contenter le parti contraire. — A la fin de l'Assemblée constituante, il rejoignit les princes à Coblentz. Avant d'être admis parmi les émigrés, il dut plusieurs fois se battre en duel. — Il tirait bien l'épée, et on ne lui contesta plus le titre d'émigré. — Il fit, avec les princes, la campagne de 1792, et, après la dissolution de l'armée, se retira à Hambourg, de là à Londres. — Ami et partisan à la Constituante des idées de Malouet et de Clermont-Tonnerre, il publia en Angleterre le *Courrier de Londres*, dans lequel il ne se faisait faute de traiter durement les émigrés. — Quand le Consulat apparut, Montlosier se montra bienveillant et attentif pour cette tentative de reconstruction de l'ordre moral. Il eut même des entrevues avec le premier Consul, et plus tard l'Empereur se souvint du talent de polémiste politique de l'émigré. — Il l'attacha aux affaires étrangères, lui commanda un important travail sur l'ancienne monarchie et les vraies causes qui avaient amené la Révolution; de plus, pendant quinze mois, le publiciste auvergnat fut invité à correspondre avec l'Empereur sur les affaires de l'État. — En 1812, M. de Montlosier voyagea et alla en Italie visiter les volcans de la péninsule, comme il avait étudié ceux d'Auvergne. — A son retour, l'Empire était tombé. Il connaissait trop bien les émigrés pour espérer beaucoup de la Restauration. — Toutes ses tendances étaient tournées vers le rétablissement de la monarchie, pourvu qu'elle eût pour contre-poids les priviléges féodaux et les libertés provinciales. Il publia alors son livre sur *la Monarchie*, qui eut un grand retentissement. En 1826, son *Mémoire à consulter sur les Jésuites* lui attira des haines violentes. La royauté de 1830 le nomma pair de France. A quatre-vingts ans, l'ancien membre de l'Assemblée nationale de 1789 retrouvait toute sa verdeur, plein jusqu'au dernier jour de fougue et de verve originale. — Il mourut à Clermont en 1838. — Au milieu des agitations de sa vie, il n'avait cessé d'éprouver un culte constant pour son pays natal. — Il créa au pied des Monts-Dores, dans une contrée jusque-là inculte, à *Randanne*, une exploitation agricole des plus importantes. — Pourquoi le comte de Montlosier ne fut-il pas de l'Académie française? Je l'ignore. — Il est mort président de l'Académie de Clermont, et M. de Barante, son compatriote, prononça son éloge dans ladite Académie.

3. La famille de mon père est originaire de Provins. Le dernier parent de notre nom, *Marie-César Le Lorgne de Savigny*, savant distingué, membre de l'Institut (Académie des sciences) et de l'ancien Institut d'Égypte, mourut à Gally, près Versailles, en 1851. — Je fus chargé, à cette époque, par mon père, retenu à l'étranger, de le représenter aux funérailles de M. de Savigny, funérailles qui eurent lieu avec beaucoup d'éclat à Provins, sa ville natale. — Notre vieux cousin, qui avait

conservé le culte des souvenirs d'enfance, légua à Provins sa bibliothèque et de plus toute sa fortune, à la charge d'établir une fondation destinée à doter chaque année des jeunes filles pauvres de la ville haute. — J'ai trouvé dans les greffes de Provins l'extrait mortuaire de notre bisaïeul « Louis Le Lorgne de Savigny, né en 1698, mort en 1762, conseiller du roi, officier en l'élection de Provins, inhumé en l'insigne et royale église de Saint-Quiriace ».

4. Le château de Pagnant, comme celui de Saulnat, appartient aujourd'hui au fils aîné du *baron de Forget*, le baron Eugène-Auguste, petit-fils de l'illustre comtesse de Lavalette. Son second fils, Claude-Emilien de Forget, est mort en 1855. Il était sous-préfet de Compiègne, et avait obtenu de l'Empereur le droit de relever le titre et le nom de son grand-père, le comte de Lavalette.

La famille de Forget, originaire d'Amboise, est connue depuis 1523 par Pierre Forget, secrétaire de la reine Catherine de Médicis. Un autre Pierre Forget devint plus tard secrétaire d'État, sous les rois Henri III et Henri IV, conseiller des finances et commissaire royal en Provence. Celui-ci servit Henri IV avec zèle, fut un des rédacteurs du célèbre édit de Nantes, en 1598, et mourut, en 1610, de la douleur que lui causa l'assassinat du roi. — La branche d'Auvergne était représentée par Christophe, Louis et Antoine de Forget, domiciliés tous les trois dans l'élection de Riom, et maintenus dans leur noblesse, en 1666, sur la production de lettres de réhabilitation accordées par Henri IV, le 5 décembre 1608. — Maringues, ville protestante, l'une des trois villes de la basse Auvergne, indiquée après l'édit de Nantes pour avoir un pasteur, devint le chef-lieu de famille des

Forget. Nous voyons en effet, en 1618, que M. Forget, conseiller, Fresnage, orféyre, et Baudin, tous trois protestants, habitant à Riom, présentèrent requête à la municipalité de cette ville pour avoir dans ladite ville un cimetière réservé aux religionnaires. On leur répondit par un refus, en alléguant que les corps seraient transportés dans la ville de Maringues, qui était le boulevard des protestants de cette région. En 1685, il y avait à Maringues vingt-huit familles qui professaient la religion réformée : treize de nobles, dix de bourgeois et cinq d'artisans. Ce fut vers cette époque (1620) que la famille de Forget s'établit à Maringues. — La famille de Forget fut représentée à l'Assemblée de la noblesse de la sénéchaussée de Riom en 1789.

5. Le château actuel de *Villeneuve* date du commencement du XVIe siècle. Son fondateur fut Rigault d'Aurelle. Il était fils de Pierre d'Aurelle, seigneur de Villeneuve, Colombines et Molède. Suivant Chabrol, les chefs de la famille d'Aurelle furent Guillaume et Bernard de Molède, qui vivaient en 1276. Cette famille est encore représentée en Auvergne par la postérité d'un frère de Pierre : Lionet d'Aurelle, écuyer, seigneur du Croizet, conseiller, maître d'hôtel de Charles VIII. Rigault naquit dans l'ancien château dont les ruines se voient encore dans le village de Villeneuve. Il vécut sous Louis XI, Charles VIII, Louis XII et François Ier. Ces princes lui confièrent des missions diplomatiques importantes et lui donnèrent à différentes reprises des commandements dans leurs armées. En récompense de ses services, il fut fait successivement maître d'hôtel ordinaire du roi, comte de Negrile, bailli de Chartres, commissaire au pays d'Auvergne sur les gens de guerre pillards et vagabonds, sénéchal de l'Agénois et de la

Gascogne, capitaine et gardien du château de Pierre-Pelonze, en Gascogne.

Vers 1580, la seigneurie de Villeneuve passa aux Saint-Hérem, par suite d'un mariage. Elle resta dans cette maison jusqu'en 1643, époque à laquelle elle fut achetée par Isaac Dufour, trésorier de France, époux de Françoise Treilhard. Il est intéressant de rappeler que le nom de Saint-Hérem est aujourd'hui porté par une branche des d'Aurelle. Isaac Dufour et longtemps après lui M. Jean-François Dufour de Villeneuve, intendant de Bourgogne, doivent être cités pour le bien qu'ils firent aux habitants de la contrée. C'est ce dernier notamment qui importa plusieurs espèces d'arbres fruitiers alors peu connus, et qui distribua les rouets à filer le chanvre, qui ont créé une industrie subsistant encore dans le village. Le dernier Dufour, Jean-Baptiste-Claude, fut intendant du Berry. Il mourut en novembre 1797, sans laisser d'enfant, et le château de Villeneuve appartint à sa sœur, M^me de Féligonde. A la mort de celle-ci (12 mars 1814), Villeneuve passa dans les mains de M. Michel de Féligonde, son fils, député du Puy-de-Dôme sous la Restauration. M. de Féligonde, dans les partages anticipés faits entre ses enfants, céda Villeneuve à son second fils, alors conseiller auditeur à la Cour de Riom, et mort, il y a quelques années, conseiller honoraire près la même Cour. M. Henri de Féligonde, un des fils du conseiller, est actuellement propriétaire de Villeneuve. Par une coïncidence curieuse, M. Henri de Féligonde a épousé M^lle de Matharel, fille de l'ancien receveur général du Puy-de-Dôme et d'une d'Aurelle de Montmorin de Saint-Hérem.

François I^er, traversant l'Auvergne pour aller au-devant de Catherine de Médicis, future épouse de son second fils Henri, s'arrêta, le 15 juillet 1533, chez son maître d'hôtel Rigault. Celui-ci offrit une collation au roi passant à Veyre, et on voit encore sur un livre de comptes conservé dans les archives du château avec plusieurs objets ayant appartenu à Rigault : « Pour avoir] régalé le roi et sa cour passant à Vayres.... XIII deniers. » A cette époque, Rigault avait près de quatre-vingts ans. On montre à Villeneuve la chambre où, suivant une tradition constante, le roi a passé la nuit ; elle est toujours désignée sous le nom de chambre de François Ier. L'antipathie de Rigault pour le beau sexe est restée légendaire. Les curieuses inscriptions et peintures murales qui subsistent encore dans le château témoignent de l'aversion du châtelain pour les femmes, auxquelles il ne craint pas d'attribuer tous les vices et tous les défauts. La devise de son roi : *Bien fol est qui s'y fie*, est partout gravée. — Une autre chambre du château est connue sous le nom de la *Dame jaune*, en souvenir de la prétendue apparition d'une femme qui se montrait aux téméraires assez osés pour venir la troubler. François Ier, dit-on, la vit pendant son séjour au château. Longtemps cette chambre est restée inhabitée. Pendant la Révolution, elle fut occupée par un respectable ecclésiastique qui s'y était réfugié. Son asile resta inviolable, et il put échapper aussi heureusement à la *Dame jaune* des temps jadis qu'à la *Dame rouge* de 1793. De nos jours on ne respecte plus les légendes, et les jeunes gens du château couchent, sans craindre les revenantes, dans la chambre de la *Dame jaune*.

Trois siècles avant le reste de la France, les habitants de Villeneuve ont été exemptés de la corvée. C'est à Rigault d'Aurelle qu'ils durent ce bienfait. Rigault, inspiré en cette circonstance par son intendant Thomas, réussit ainsi à arrêter l'émigration des paysans de la contrée. Jusqu'à la Révolution, chaque année, le dimanche des Rameaux, la procession paroissiale se rendait sur la petite esplanade, vis-à-vis la porte orientale du château, et là on chantait l'Évangile appelé encore, en 1789, par les paysans, « l'Évangile de l'abolition de la corvée ».

A l'heure actuelle, les bienfaits de Rigault, aussi bien que ceux des Dufour, sont à peu près oubliés dans le village de Villeneuve. Cette ingratitude n'est-elle point due au voisinage de la petite ville de Saint-Germain-Lambron, une des rares forteresses des « purs » dans la sage et paisible Auvergne ?

On conserve dans les archives du château trois clefs en os dont l'histoire est assez curieuse : Jean Jupon, l'architecte du château, n'ayant pu justifier l'exagération de ses comptes, fut enfermé, par ordre de Rigault, dans un cachot du château ; mais, à l'aide des os de la viande dont on le nourrissait, Jean Jupon parvint à fabriquer trois clefs à l'aide desquelles il s'évada. Rigault, exaspéré, fit pendre son architecte en effigie au sommet d'une des tours. Cette effigie en plomb a subsisté jusqu'en 1789.

NOTRE-DAME DU
MARTHURET

# CHAPITRE TROISIÈME

**Les vacances de Saulnat. — Les amis du village. — Jean Gonnard. — Le paysan et la paysanne de la basse Auvergne. — Paysage des environs de Riom. — Le château de Chazeron. — Le maréchal de Villars. — La garde nationale de Riom en 1870. — Notre ville et ses magistrats. —Vieille rivalité entre Clermont-Ferrand et Riom. — Les Grands-Jours d'Auvergne. — Témoignage de l'abbé Fléchier.**

C'ÉTAIT surtout à l'époque des vacances que la vieille maison de Saulnat s'emplissait de bruit et d'animation. Alors débarquaient de Paris mes cousins, mon frère et leurs amis. De beaucoup le plus jeune de toute la bande, je n'étais point admis aux jeux, aux courses, aux excursions de mes aînés, et tandis que la troupe joyeuse chevauchait aux environs, organisait des promenades autour de Riom et de Clermont, ou de belles battues, je restais au logis. Mes ébats avec les petits paysans du village étaient limités aux grandes avenues du parc. Une douzaine de vaillants compagnons de huit à quatorze ans formaient ma garde.

Avec quel ravissement je me souviens encore de nos jeux et de nos batailles! Bien que je fusse le chef de mes soldats, ceux-ci se révoltaient souvent contre leur chétif capitaine, moins robuste et moins endurci qu'eux à la fatigue. Je finissais cependant par rester le maître, grâce à la vigueur et au dévouement singulier de l'un de ces preux qui s'était fait mon garde du corps. Le brave Gonnard me défendait comme un lion. Chose étrange, l'affection de cet honnête garçon ne s'est jamais démentie, et je ne crois pas me tromper en disant qu'il n'est pas un être ici-bas qui me soit plus sincèrement attaché que ce camarade d'enfance, le maître sabotier du village de Saulnat.

Ma vieille amitié pour Jean Gonnard ne m'aveugle pas cependant sur les qualités du paysan d'Auvergne. Ses compatriotes sont loin de lui ressembler tous. Le paysan de la plaine est trop souvent rusé, égoïste, jaloux et âpre au gain. Toutefois, il est grand travailleur, dur à la fatigue; ses goûts sont simples et ses mœurs assez pures. L'amour de l'argent et du lucre absorbe en général toutes ses facultés. Si ce n'était le vin, qu'ils dégustent trop souvent avec excès, nos paysans seraient presque exempts de vices.

Les femmes sont plus intelligentes, plus vives, plus alertes que les hommes; aussi laborieuses qu'eux, elles partagent leurs travaux les plus pénibles, ce qui ne les dispense pas d'être excellentes mères et tendres épouses. Le type de la femme est assez joli : la physionomie est douce; les yeux noirs, les cheveux bruns, rappellent le Midi. Elles sont petites, robustes, bien prises dans leur taille. Quant au costume des environs de Riom, il est resté pittoresque : un corset de velours noir, retenu par des agrafes d'argent et lacé de rubans rouges; les manches plates, demi-longues, en laine de couleur ou en étoffe brochée; le jupon court, relevé et brodé de galons de velours; enfin, la coiffe blanche et le fichu de dentelle complètent la toilette d'une paysanne aisée, et, en Auvergne, presque toutes ont quelque épargne.

Dans mon enfance, les hommes portaient

encore, le dimanche, la queue en catogan et le chapeau tricorne en bataille; aujourd'hui les vieillards seulement ont conservé le large chapeau à grands bords, la longue veste de drap blanc, avec le gilet à pans et la culotte courte. Mais, hélas! tout se perd, et ce qui constituait l'originalité, la poésie de nos campagnes, tend à s'effacer. La blouse bleue se répand; les farauds du village, cependant, n'ont point encore osé allonger les pans de leur veste à poches, et le coquet chapeau bas n'a point, comme aux environs de Paris, cédé le pas au hideux chapeau haute forme.

Le village et château de Saulnat, enfoui dans les terres et caché au milieu des vignes, se trouve à droite avant d'arriver à Riom, à deux kilomètres de la route. Il est situé en pleine Limagne, au pied même de la chaîne des monts d'Auvergne. De tous les points du parc on découvre le Puy-de-Dôme, entouré de ses vassales aux formes gracieuses qui viennent en mourant se perdre dans la plaine.

Que de fois, en contemplant les montagnes

pelées de la Grèce, ces collines grises et arides, ces promontoires dénudés aux noms poétiques et retentissants, j'ai songé à notre Auvergne, au panorama admirable et riant de nos montagnes couvertes de neige ou de végétation! Là, depuis la cime jusqu'au pied, pas un coin qui ne soit verdure, prairie, vigne ou hameau : dans les vallées de magnifiques ombrages, partout des eaux vives et fraîches courant à travers les rochers, sur les bords du chemin et des routes[1].

Encore ne parlé-je que de nos environs immédiats de Riom, Tournoël, Volvic, Combronde, promenades placées dans un rayon de deux lieues, sans oublier les sources minérales de Rouzat, Saint-Myon, Enval, celle surtout de Chatel-Guyon, village aussi célèbre par ses sites pittoresques que par l'efficacité merveilleuse de ses eaux. Que serait-ce si nous allions jusqu'au delà de Clermont et dans la vallée du Puy-de-Dôme! Une journée suffit pour chacune de ces courses variées et charmantes, qui ne le cèdent en beautés agrestes, en intérêt, à aucun coin de ces Alpes ou de ces Pyrénées si vantées.

De la terrasse de Saulnat et du parc, le long de l'avenue du *Diable rouge*, on aperçoit distinctement une série de villages et de châteaux épars sur la colline et que domine à pic le vieux château de Chazeron. Combien de fois l'ai-je visité, ce vieux nid d'aigle qui défend l'entrée de la Limagne du côté de la Creuse ! Il est demeuré intact et dans toute sa splendeur. En admirant ces grandes salles aux boiseries sculptées, ces magnifiques tapisseries, ces portraits, ces meubles splendides du temps de Louis XIV, on croirait voir le maréchal de Villars descendant gravement les degrés de l'escalier. Les communs sont gigantesques ; les splendides écuries, dont les voûtes ressemblent à celles d'une église, surprennent par la dimension et la hauteur des mangeoires et des râteliers. On se représente les énormes carrossiers, tels qu'on en voit dans Van der Meulen, traînant de lourds carrosses au temps du grand roi, et gravissant à l'aise les pentes ardues de la montagne. Aujourd'hui qu'une route superbe passe à deux kilomètres du château, c'est à grand'peine que nos montures peuvent nous y conduire. Chazeron a appartenu aux Brancas; de superbes fêtes furent données jadis, racontent les chroniques, dans cette magnifique et colossale demeure. De grands seigneurs et de très-nobles dames de la cour de Louis XIV ont habité ces chambres, imprégnées encore des parfums du temps passé! Peut-être ces lits de damas ont-ils vu dormir des héroïnes de la Fronde ou des amies de Mme de Sévigné. Quand on se prend à songer à l'accumulation de ces magnificences qui ont traversé les siècles, aux efforts entassés pour construire sur un pareil lieu un aussi splendide édifice, y transporter et y réunir ces mille objets d'art recherchés aujourd'hui avec tant d'avidité, nous nous demandons en vérité où est le progrès, et si vraiment le siècle du grand Roi ne valait pas l'Ère Républicaine des grands Jules!

A propos du château de Chazeron et de la République, voici ce qui se passa sous mes yeux en 1870. — Absent de Paris avec tous les miens au moment de l'investissement et du siége, il nous fut impossible de rentrer au logis, et de là nécessité de camper à Saulnat. Ce fut donc là qu'au milieu de préoccupations et de soucis constants, nous avons passé le plus douloureux des hivers. Sans nos chers amis les voisins de Maupertuy, hélas ! que serions-nous devenus ?

Mais revenons à Chazeron. Le propriétaire actuel du château, le marquis de Sinety, longtemps avant la guerre, avait expédié de Paris de nombreuses caisses de livres à son régisseur, domicilié à Riom. On attendait une bonne occasion pour transporter les caisses au château, lorsque trois grands chars à bœufs étant venus de Chazeron à Riom pour conduire du bois, le régisseur eut l'idée de profiter de leur retour pour faire parvenir les caisses au château. Celles-ci ayant été chargées avec soin, les bouviers partirent. A peine sortis d'un des faubourgs de Riom (de Mozat), les trois bouviers s'arrêtèrent à boire chez un cabaretier, exalté radical. Voici nos braves gens, attablés dans la salle, interrogés sur le contenu de leur chargement. — « Nous ne savons ce que c'est, répondirent les paysans, mais c'est lourd, et le régisseur nous a bien recommandé de manier les caisses avec précaution. »

Ceci dit, la bouche essuyée, les conducteurs se mettent en route. A cette époque il n'en fallait pas davantage pour troubler les imaginations : le mot des hommes de Chazeron se répète dans le faubourg, et voilà la population, excitée par les bons rouges, qui, affolée de terreur, se livre aux plus extravagants commentaires. « Ce sont certainement des armes, des fusils, des canons ou de l'argent que l'on transporte à Chazeron. Rien de plus grave! Les nobles et les prêtres s'entendent avec les Prussiens; ces armes sont pour eux. Chazeron est un château féodal et, bien sûr, quelque souterrain doit communiquer à Berlin ou à Versailles! » Aussitôt les têtes de se monter contre ces gueux de nobles qui, à cette heure, se faisaient tuer à Patay, à Coulmiers et ailleurs, tandisque nos républicains, abrités dans les emplois, se chauffaient les mollets tout en excitant à la Défense et surtout aux Souscriptions Patriotiques. Voilà Chazeron devenu le centre d'une conspiration; on ne parle de rien moins que d'y mettre le feu. Or donc le Sous-Préfet (un pur de Septembre), accompagné d'une partie de la garde nationale, se dirige le lendemain vers le château pour calmer l'effroi, et lui-même se rendre compte. On fouille jusqu'au fond des citernes : ni armes, ni argent, et de souterrain, néant! bien entendu! Ce devoir accompli, il faut rentrer à Riom et, en bons Auvergnats, on boit en route, on se grise et on roule. Toutefois cette brave troupe est toujours restée convaincue qu'on lui a caché les trappes, et que Chazeron recélait de l'or et de terribles engins destinés à la réaction.

La voilà donc, la France du XIX^e siècle! En vérité, est-ce là le progrès? — Mais ne médisons pas trop de nos paysans et de nos bourgeois d'Auvergne: ils sont crédules, ignorants, faciles à duper, moins cependant, je l'affirme, que les très-naïfs électeurs et ouvriers de Paris, race essentiellement malléable, corvéable et obéissante entre les mains de leurs tyranneaux républicains.

Allons, soyons plus indulgent pour l'heure actuelle! Parler de l'ardeur militante de nos Auvergnats pendant ce siècle paraît assez bizarre, quand nous nous reportons à leur douloureux et sanglant passé. Dans aucune province de France, en effet, les guerres religieuses des XVIe et XVIIe siècles ne prirent, comme en Auvergne, un tel caractère d'acharnement et de cruauté. — Ligueurs et Huguenots, Royalistes et Religionnaires, déchirèrent et ensanglantèrent si bien notre infortuné pays qu'après deux siècles, le souvenir de ces luttes terribles n'est point complétement effacé! De 1540 à 1700, sous les rois Charles IX, Henri III, Henri IV et Louis XIII, les gens de guerre de tout parti se disputèrent pied à pied le sol, et il n'est pas un coin de nos montagnes et de nos plaines qui n'ait été désolé par le pillage, l'incendie et le meurtre. — Ah! c'était un joli temps, en vérité!

Tout à l'heure, en achevant la lecture d'un très-curieux et très-émouvant livre du conseiller A. Imberdis, publié en 1840 (*Histoire des Guerres religieuses en Auvergne pendant les XVIe et XVIIe siècles*), il nous semblait sortir d'un rêve affreux, d'un épouvantable cauchemar, tant le récit de ces luttes, de ces tueries, de ces massacres, nous avait vivement impressionné. Tous, à vrai dire, alors, amis comme ennemis, se valaient et furent coupables des mêmes horreurs. En effet, ces bandes de soldats et de chevaliers d'aventure, guerroyant sous de nobles et puissants seigneurs du pays, s'illustrèrent, tour à tour, par des actes inouïs de courage et d'audace, en même temps que par des méfaits qui glacent encore d'épouvante. — Issoire, la ville sainte, un des premiers remparts du protestantisme en France, subit deux siéges mémorables, et de toutes les villes d'Auvergne fut, avec Aigueperse, la plus massacrée et la plus pillée. Les péripéties du *siége d'Issoire* et de la bataille de *Cros-Rolland,* en 1589, sont d'un palpitant intérêt. La mort du comte de Randan, de la maison de La Rochefoucauld, celle de ses compagnons, les preux de la Ligue; les exploits des Royalistes, les attaques des châteaux, les rencontres nocturnes, l'intrépidité sauvage et sanguinaire du capitaine Merle, les représailles du marquis de Canillac, les excitations de la voluptueuse prisonnière d'Usson, cette physionomie étrange de Marguerite de Valois, les pillages de couvents et d'églises, les supplices des prêtres, les incendies de villages, chaque page, chaque figure de cette histoire, porte l'empreinte bizarre de ces temps durant lesquels le fanatisme, la férocité, le désordre des esprits et des consciences, affolèrent la France jusqu'au jour où parut la grande, bonne et puissante personnalité d'un vrai roi, Henri IV!

Les chroniques, les histoires, les documents de l'époque permettent de reconstituer en détail tous les faits qui se passèrent dans la haute et la basse Auvergne pendant cette période sanguinaire, remplie toutefois des épisodes les plus intéressants pour nous. Chaque ville, chaque bourg, chaque donjon, rappelle un de ces épisodes, et il n'est pas jusqu'aux noms des acteurs, soldats, bourgeois, seigneurs et manants d'alors, que nous ne retrouvions aujourd'hui, dans les personnes très-paisibles d'arrière-petits-neveux, aux endroits mêmes illustrés du temps de la Ligue.

Suivant l'antique habitude, les deux voisines et rivales, Clermont et Riom, s'étaient empressées d'arborer chacune un drapeau différent. — Riom tenait pour la Ligue et faisait partie des treize villes de l'Union. Le corps de son gouverneur, l'héroïque comte de Randan, repose aujourd'hui dans l'église des Marthurets. Quant à la bonne ville de Clermont, fidèle au Roi, elle était devenue le quartier général des royalistes d'Auvergne. Il n'en est point de même à l'heure présente.

Quoi qu'il en soit de ce passé fort peu édifiant, j'aime mon pays et j'en suis fier! Chaque fois que j'en ai visité d'autres, j'ai découvert dans le mien plus de grandeurs et d'attraits. A mes yeux, il n'est pas de paysage plus séduisant, plus harmonieux, plus calme, qui me charme et m'étreigne davantage, que la vue de Riom, au milieu de la verdure, se détachant sur le fond des montagnes avec ses toits rouges, ses clochers de Saint-Amable et des Marthurets et les flèches de sa Sainte-Chapelle. J'aime ses remparts et ses vieux hôtels, ses maisons aux toits élevés, ses petites places pittoresques, ses rues tranquilles et silencieuses, ses portes cintrées ombragées de treilles. Tout me rappelle un souvenir, un jour béni de mon enfance. — C'est là qu'ont habité les miens, et parmi ceux-là, tels que j'ai aimés, tels aussi que je n'ai point connus. Notre bonne ville, un peu fière, un peu sauvage, ne voudrait point échanger sa couronne contre celle de sa riche et commerçante voisine, la capitale Clermont. A Riom, nous sommes de plus vieille roche; notre Cour, jadis Royale, notre ancienne magistrature, dont le renom est si grand encore aujourd'hui; notre noblesse de robe et de finance, dont les beaux hôtels sont encore habités par les descendants de ceux qui les ont bâtis, donnent à la cité une physionomie toute différente de celle de la ville voisine.

En feuilletant l'Almanach royal d'il y a cinquante ans environ (1828), un demi-siècle, je trouve toutes nos vieilles familles représentées à la Cour de Riom et le Parquet ainsi composé : Procureur Général du Roi, M. de Chantelauze, plus tard ministre; premier Avocat général, le petit-neveu de l'illustre Chancelier Voysin, le Baron Voysin de Gartempe, plus tard Conseiller à la Cour de cassation; Avocats généraux, le Vicomte de Bastard d'Estang, M. de Bonnechose, le seul survivant, à cette heure Archevêque-Cardinal de Rouen. A propos de ce dernier, je me souviens, étant en 1863 à Rome secrétaire de l'Ambassade de France, avoir vu le Cardinal de Bonnechose au moment de son arrivée dans la Ville Éternelle. Lors que je fus présenté à Son Éminence, Elle voulut bien se souvenir de mon nom, et me dit en souriant : « Que de fois jadis j'ai dansé avec madame votre mère, lorsqu'elle était Mlle de Sampigny et que j'appartenais au Parquet de Riom! »

La jalousie de Clermont-Ferrand à l'endroit de Riom ne date point d'hier. En relisant dernièrement les curieux mémoires écrits par Fléchier en 1665, *Les Grands Jours d'Auvergne*, je retrouvais les traces de la petite rivalité et de l'antagonisme qui n'a cessé d'exister entre les deux villes, et je faisais cette amère ou consolante réflexion, qu'en dépit des années et des siècles, notre monde ici-bas s'était peu modifié. Voici ce qu'écrivait notre grand Fléchier au mois de septembre 1665, il y a plus de deux siècles.

« Lorsque nous fûmes arrivés à Riom, nous commençâmes à nous reposer et à nous louer de notre voyage. Nous y fûmes si bien reçus par le Lieutenant Général, et nous fûmes logés chez lui avec tant de propreté et même de magnificence, que nous oubliâmes que nous fussions hors de Paris. La ville n'est pas de grande étendue, mais elle est fort agréable et fort riante; elle n'est pas fort percée, mais les rues en sont assez larges et les maisons y sont d'assez belle apparence[1]. Le monde n'y est pas si riche qu'à Clermont, mais il y est beaucoup plus civil et plus poli. Il y a une certaine jalousie entre les habitants de ces deux villes, qui fait qu'ils n'ont pas grand commerce ensemble, quoiqu'ils ne soient qu'à deux lieues les uns des autres; mais on peut dire que ceux de Riom sont les plus zélés, et qu'ils ont une tendresse et une piété pour leur patrie qui approche fort de celle qui faisoit une partie de la religion des anciens.

« Ils avoient employé toutes sortes de sollicitations à la Cour pour faire tenir les Grands Jours dans leur ville, afin de faire valoir cette marque de préférence; et le premier Échevin, dans la harangue qu'il fit à la Cour, ne put point s'empêcher de témoigner son sentiment et finit avec quelque malignité, disant qu'enfin ils avoient reconnu qu'il étoit juste que les Grands Jours fussent arrêtés à Clermont, parce que, venant pour faire justice, ils y trouvoient beaucoup de matière, et que c'étoit un coup de prudence du roi d'appliquer les remèdes où les maux étoient le plus pressants. Leur grande ambition est de faire passer leur ville pour la capitale de la province, et comme ils ne trouvent pas leur compte dans les anciennes histoires, ils se font fort de l'autorité de M. Chapelain dans sa *Pucelle,* et ils savent tous en naissant ces vers :

Riom, chef glorieux de cette terre grasse
Que l'on nomme Limagne au lieu d'Auvergne basse,
Pour secourir son prince, entre ses habitants,
Lève et ramasse un corps de mille combattants;
Clermont, le désespoir du dompteur de la Gaule,
Pour renforcer ce corps huit cents hommes enrôle.

(Liv. IV.)

« Pour la ville de Clermont, ils n'y a guère de ville en France plus désagréable. La situation n'en est pas fort commode, à cause qu'elle est au pied des montagnes. Les rues y sont si étroites que la plus grande y est la juste mesure d'un carosse : aussi deux carosses y font un embarras à faire damner les cochers, qui jurent bien mieux ici qu'ailleurs, et qui brûleroient peut-être la ville s'ils étoient en plus grand nombre, et si l'eau de mille belles fontaines n'étoit prête d'éteindre le feu. Les maisons y sont assez belles, et, ce qui est admirable, toutes soutenues en l'air, la coutume étant de creuser des caves au-dessous des fondements, qui ne sont appuyés que sur un peu de terre suspendue, et qui tient si ferme qu'il n'en est jamais arrivé aucun accident...

« En conséquence, la ville est bien peuplée; et si les femmes y sont laides, on peut dire qu'elles y sont bien fécondes, et que si elles ne donnent pas de l'amour, elles donnent bien des enfants. C'est une vérité constante qu'une dame qui mourut il y a quelques années, âgée de quatre-vingts ans, fit le dénombrement de ses neveux et nièces, en compta jusqu'au nombre de cent soixante et un vivants, et plus de mille autres morts, qu'elle avoit vus durant sa vie. J'en ai vu la table généalogique que M. Blaise Pascal, son fils, qui a été si connu par ses inventions mathématiques et par les *Lettres provinciales*, en a fait dresser pour la rareté du fait. »

Si nous nous sommes étendu dans la citation de l'abbé Fléchier, c'est que nous sommes bien aise de nous abriter derrière l'autorité du célèbre orateur. Quant à nous, nous professons pour la ville de Clermont et nos amis d'icelle les sentiments les plus affectueux. On sait que Fléchier, alors très-jeune abbé, accompagnait dans la tenue des *Grands Jours d'Auvergne* M. de Caumartin, l'un des commissaires juges de ce tribunal suprême qui, au nom du roi Louis XIV, venait réprimer d'une façon sanglante et impartiale les abus de la noblesse de province. — En passant, ne serait-il pas utile de faire remarquer qu'au temps du *bon plaisir*, au temps de cette monarchie si décriée, les petits, les humbles, les paysans, trouvaient dans la Royauté la meilleure sauvegarde de leurs droits?

# NOTES

## DU CHAPITRE TROISIÈME

1. Le célèbre Château de Tournoël est aujourd'hui la propriété du vicomte Guillaume de Chabrol. Situé sur un monticule à six kilomètres de Riom et à un kilomètre de Volvic, appuyé sur les premiers contre-forts des montagnes, il commande toute la plaine de la grasse Limagne. On découvre du haut des tours un panorama gigantesque. Les constructions du Château remontent environ au VIIIe ou au IXe siècle. Deux siéges mémorables se rattachent à l'histoire de Tournoël : le premier en 1209, sous Philippe-Auguste, à l'occasion des querelles survenues entre Guy II, comte d'Auvergne, et son frère Robert de la Tour, évêque de Clermont; — le second, en avril 1590, sous la Ligue. Après la bataille d'Ivry, la Ligue avait reçu le coup mortel, et perdu en Auvergne son plus ferme appui avec le comte de Randan, tué sous Issoire. — Cependant les ligueurs vinrent mettre le siége devant Tournoël, qui était défendu par le seigneur de Tournoël, Charles d'Apchon, qui périt dans une sortie; mais Tournoël ne fut pris qu'en 1594, par les troupes du duc de Nemours, qui pillèrent et incendièrent le château.

Le Château, depuis 1767, est entre les mains de la famille de Chabrol. — Les ruines du Château de Tournoël sont très-bien conservées, grâce aux intelligents propriétaires du vieux manoir. Un chemin étroit, escarpé, sinueux, conduit jusqu'à la première porte, dont les meurtrières existent encore. On arrive à une seconde porte, défendue par des mâchicoulis; elle est l'entrée d'une première cour, et l'on se trouve au pied de la tour carrée, qui conserve encore sa hauteur et ses créneaux. Un vieil escalier de pierre, qui a presque disparu sous la mousse parasite, conduit aux créneaux à demi ruinés d'où les assiégés défendaient l'entrée du château. Les cuisines, l'oratoire, la salle des gardes, conservent leur ancienne physionomie : on voit sur tous les murs les traces des armoiries dorées. Un couloir conduit à l'appartement de la châtelaine; deux escaliers hexagones mènent aux appartements supérieurs ainsi qu'à la tour principale, d'où l'on découvre le riant parterre de la Limagne dans toute son étendue.

A propos de Tournoël et de ses anciens Seigneurs, nous trouvons dans une notice très-détaillée sur Tournoël, et fort savante, de M. H. Gomot, les détails suivants, qui donnent une idée des mœurs des châtelains de 1724. « Les haines qui, dans les dernières années du XVIe siècle, avaient divisé les châtelains de Tournoël et de Bosredon, s'étaient perpétuées chez leurs descendants comme une sorte d'héritage de famille. Insultes, provocations, duels, procès interminables, telle serait, si l'on voulait en suivre toutes les phases, l'histoire de ces deux maisons pendant près de cent cinquante années. La Sénéchaussée d'Auvergne, le Parlement, intervinrent fréquemment dans leurs débats. Les Gouverneurs de la Province, les Grands Prévôts, les Lieutenants Criminels, voulurent en vain rétablir la concorde entre ces implacables ennemis. »

« Aux Pierrefitte avaient succédé les Rochevert, qui vivaient à Bosredon, constamment en butte aux attaques de leurs terribles voisins. Le 19 mai 1703, un arrêt du Parlement condamna en 200 livres de dommages-intérêts Pierre de Montvallat, marquis de Tournoël, et Jean de Montvallat, son frère, au profit de Claude Valette, sieur de Bosredon et de Rochevert, trésoriers de France à Riom, à raison des insultes faites à la femme et aux enfants dudit Valette. De plus, il le renvoya devant le lieutenant criminel de Riom pour avoir, dans l'église de Saint-Priest, de Volvic, arraché les armes de Valette, qui étaient sur un pilastre au milieu d'une balustrade. En 1708, un nouvel arrêt du parlement de Paris fit défense au seigneur de Tournoël, *sous peine de punition corporelle*, de récidiver dans les voies de fait dont il avait usé envers le sieur de Rochevert. Quel était le sujet de cette nouvelle querelle? Sans doute quelque terre en litige, quelque droit contesté... Quoi qu'il en soit, cet arrêt fut le prélude de nombreuses vexations de la part de Pierre-Priest de Montvallat. Ce Monvallat, époux de Diane de la Roche-Lambert, fut le premier qui porta le titre de marquis de Tournoël. S'il faut en croire les enquêtes faites à l'occasion de ses nombreux procès et le témoignage rendu par les autorités de province, c'était un homme d'un esprit fort inquiet, qui avait des discussions avec tous ses vassaux et tous ses voisins. Il avait sans cesse à ses côtés un de ses bâtards, nommé Bellegarde, qui lui servait de secrétaire et de premier valet de chambre. Bellegarde portait l'épée et montrait toute la fierté d'un gentilhomme; il avait l'humeur batailleuse de son père et les vassaux le redoutaient plus encore que le véritable maître.

Plusieurs fois, dans le courant de l'année 1724, Montvallat et Rochevert s'étaient provoqués. Bellegarde, de son côté, avait attaqué et excédé de coups plusieurs domestiques du château de Bosredon ; il avait même pris directement parti dans la querelle de son maître et menacé Rochevert de mort. Le 15 juillet 1724, Priest de Montvallat revenait de Clermont ; il chevauchait avec Bellegarde et un garde-bois nommé La Mothe. Arrivés à la hauteur de Sayat, au lieu de Féligonde, ils se trouvèrent tout à coup face à face avec Rochevert, qui s'avançait rapidement au galop de son cheval. Bellegarde se lança au-devant de lui pour lui barrer le passage ; mais Rochevert, sans daigner mettre l'épée à la main, lui cingla la figure d'un vigoureux coup de fouet. Voyant cela, le garde-bois La Mothe lui tira un coup de fusil sans l'atteindre. Bellegarde tira de son côté, et la balle frappa Rochevert à l'épaule. Rendu furieux par ce guet-apens, Rochevert sortit un pistolet de ses fontes, enleva son cheval d'un vigoureux coup d'éperon, se précipita sur le marquis de Tournoël, et à bout portant lui déchargea son arme dans la tête. Montvallat tomba foudroyé. Bellegarde poursuivit le meurtrier avec rage ; mais il ne put le joindre et revint près du cadavre qui fut rapporté à Tournoël. Rochevert se cacha pendant quelques jours à Riom et se réfugia sous un déguisement à l'étranger. Une procédure criminelle avait été commencée le jour même de ce dramatique événement. Toute la noblesse de la province prit parti pour Priest de Montvallat et demanda que sa mort fût vengée. Le résultat des enquêtes changea néanmoins ces dispositions hostiles. L'intendant de la province, les magistrats de la Sénéchaussée, toute la bourgeoisie, se montrèrent favorables à Rochevert. A la vérité, il avait été meurtrier, mais il n'avait fait que défendre sa vie menacée dans un odieux guet-apens. Il avait tué Tournoël volontairement, mais n'avait-il pas eu à venger les injures séculaires dont ses ancêtres avaient été victimes, les vexations sans nombre dont il avait lui-même souffert? Jean de Montvallat, chevalier de Tournoël, devenu le tuteur des enfants de son frère, sollicita la sévérité des juges; il en appela au Garde des sceaux, au Roi lui-même, sans succès. Le Roi, préférant miséricorde à justice, accorda à Rochevert, sans même attendre la fin de la procédure, des lettres de rémission qui furent entérinées au Parlement le 25 janvier 1725. (*Tournoël*, par M. H. Gomot.)

Les Rochevert sont éteints aujourd'hui. Le dernier est mort en 1817, à l'âge de douze ans. Sa mère, la comtesse de Rochevert, épousa en secondes noces le baron Voysin de Gartempe, alors avocat général à Riom.

2. La fine remarque du premier Échevin de Riom était juste. La ville de Riom, avec ses juridictions de toute espèce, ses environs riches et paisibles, n'avait donné lieu à aucun scandale. Près de Clermont, au contraire, commencent les montagnes, les chemins escarpés; les habitations deviennent rares, isolées. C'est dans ces pays montagneux et dans la haute Auvergne que les rapines, les crimes, les meurtres, étaient le plus fréquents. Certains membres de la noblesse, représentants des familles les plus considérables, habitués à une vie solitaire, presque sauvage, tout-puissants et indépendants dans leurs châteaux ruinés par les guerres de religion, et plus tard par les bandes qui avaient infesté l'Auvergne, ne connaissant d'autre métier que celui des armes, presque sûrs de l'impunité, s'étaient

rendus coupables de brigandages et de rapines dans un pays d'un accès difficile, éloigné de toute autorité de justice.

3. La capitale de la province d'Auvergne est *Clermont-Ferrand*, ville ancienne et épiscopale. Elle avait une Cour des Aides, un Présidial, une Sénéchaussée, etc. Les grands hommes qu'elle a produits, les événements politiques et littéraires auxquels elle a assisté, les spoliations qu'elle a subies, l'ont rendue célèbre plus encore que ses richesses, la fertilité de son sol et la beauté de son climat. « Couronnée de tertres et de collines affeublées de vignobles de tout temps comme elle est à présent », elle s'élève dans une situation admirable, sur une gracieuse éminence, entre les rivières d'Artières et de Bedat, dans un des plus joyeux cantons de la Limagne. Elle est à deux lieues de l'Allier et à quatre-vingt-dix de Paris. La ville n'est point régulière ; cependant ce n'est plus « un vilain tableau encadré dans une bordure magnifique ». La civilisation, les progrès des arts, le goût mieux guidé, le luxe plus répandu, ont déjà enlevé à Clermont ce que sa vieille physionomie faisait voir de plus âpre et de plus ridé.

Eutrope et Eusèbe qualifient Clermont de cité très-noble d'Auvergne. Après plusieurs modifications, elle garda le nom de *Clarus Mons* (mont célèbre) *Clairmont* et puis enfin Clermont. La petite ville de Montferrand, à vingt minutes de distance, ayant été réunie à Clermont, comme faubourg, en 1630, la ville devint Clermont-Ferrand. L'édit de réunion porte que « l'intention du Roi est de les enclore dans la même enceinte ». Le Roi déclara en même temps vouloir faire de ces deux villes réunies l'une des meilleures du royaume.

Clermont a subi le choc de toutes les révolutions qui ont ébranlé l'Auvergne. Sous l'Empire romain, elle eut un Sénat qui existait encore au VIIe siècle; elle fut du petit nombre des villes qui jouirent du droit latin, beaucoup plus favorable que le droit italique, donnant l'avantage de se gouverner par ses propres magistrats, et permettant aux habitants d'exprimer leurs suffrages dans les assemblées du peuple romain et de devenir citoyens de Rome lorsqu'ils avaient exercé chez eux les charges municipales. Au temps des Romains, Clermont était divisée en deux parties : la ville et la cité. La ville était placée au bas du monticule et s'étendait de l'est au midi. On découvre encore sur cet emplacement des débris antiques de colonnes de marbre, de mosaïques et de constructions romaines. La cité, ou citadelle, était construite sur le sommet de l'éminence où se trouve aujourd'hui la cathédrale, et, entourée de murs et de tours, elle dominait toute la ville. Ce fut pour le besoin de cette partie élevée de la capitale de l'Auvergne qu'on bâtit, d'une maçonnerie semée de scories volcaniques liées par de la chaux, le fameux aqueduc qui avait plus d'une lieue de longueur et partait des montagnes de l'occident de Clermont. Une école renommée jeta un grand lustre sur notre ville; le rhéteur Fronton, précepteur de Marc-Aurèle, en était sorti. Un temple immense, dédié à Mars, passait à cette époque pour une merveille de conception et d'exécution. La statue de Mercure, chef-d'œuvre qui demanda dix années de travail à Zénodore, surpassait en grandeur tous les colosses de l'antiquité. Les nuées de barbares qui se jetèrent sur l'Empire Romain passèrent par Clermont comme un torrent destructeur. La capitale de l'Auvergne fut ruinée, ravagée ou pillée quinze fois.

La cathédrale de Clermont, construite en lave volcanique au point culminant de la ville, tout imparfaite qu'elle est, n'en offre pas moins un des plus vastes et des plus somptueux monuments du moyen âge. Elle fut commencée, en 1248, par Hugues de la Tour. Les guerres des Anglais, qui éclatèrent surtout en Auvergne au XIII$^{e}$ siècle, forcèrent à laisser inachevé le monument. La cathédrale de Clermont a trois cents pieds de longueur, cent trente de largeur et à peu près cent de hauteur du pavé à la voûte en ogive, soutenue par cinquante-six piliers formant chacun un faisceau carré de colonnes rondes extrêmement déliées qui se détachent au-dessus de la corniche et à la naissance de la voûte pour se courber en arêtes. Les proportions du plan, la solidité et la hardiesse de la construction, les fins piliers du rond-point, saisissent d'étonnement. Jacques d'Amboise, évêque de Clermont et frère du premier ministre de Louis XII, fit recouvrir la cathédrale en plomb. Le temps a blanchi cette toiture de métal, si bien que la vieille et majestueuse basilique se signale au loin comme une immense nappe de neige recouvrant la pierre sombre de son vaisseau. Avant l'invasion des Normands, la cité d'Auvergne possédait seule cinquante-quatre églises. — Citons seulement *Notre-Dame-du-Port*, monument historique des plus curieux; c'est dit-on le type le plus ancien, le plus parfait, de l'architecture *romane auvergnate*. Les quatre chapelles rayonnantes du chœur et le clocher qui le surmonte forment, à l'extérieur, un bel ensemble pyramidal dont l'effet est rehaussé par de fines sculptures et de riches mosaïques.

Les habitants de Clermont reçurent de Catherine de Médicis des lettres de consulat, le 10 juin 1552, avec le droit de gouverner leur ville et de juger les procès qui pourraient y prendre naissance. En octobre 1556, la même princesse accorda aux consuls le titre d'échevins, et leur confirma l'exercice de la police, qu'ils conservèrent jusqu'à la création des commissariats, en 1699. L'événement le plus remarquable dont Clermont ait été le théâtre est, sans contredit, le Concile où fut prêchée, en 1096, la première Croisade. (Imberdis.)

Clermont n'est pas seulement une ville d'une prodigieuse activité et d'une richesse incomparable : c'est une ville savante et lettrée. L'Académie de Clermont est célèbre parmi les Académies de province. Fondée en 1747, elle fut suspendue en 1793 et n'est devenue très-florissante qu'en 1824. — Elle est composée de quarante membres recrutés par l'élection, et, malgré le mot de Voltaire sur elle, notre Académie occupe une place fort importante dans le mouvement littéraire et scientifique de la France. Le magnifique jardin *Lecoq*, au milieu duquel s'élèvent le Musée et les collections de la ville, est de création récente.

Clermont-Ferrand est situé sur un monticule, au bord d'un vaste bassin semi-circulaire formé par les puys de l'Auvergne, et ouvert seulement vers l'est et le nord-d'est, du côté des plaines de la Limagne qu'arrose l'Allier. Au nord, à l'ouest et au sud, au-dessus de coteaux ondulés couverts d'une riche végétation, égayés de villages et de maisons de campagne, se dressent les puys de l'Auvergne, sommets volcaniques aux flancs rougeâtres et à la crête dépouillée. Le *Puy-de-Dôme*, si facile à reconnaître de loin par sa forme et par sa hauteur, occupe à peu près le milieu de cette demi-circonférence ; le plateau de Gergovie en forme un des derniers sommets au sud-est ; le plateau de Chanturgue, si célèbre par ses vins, la ferme au nord. Les prairies, plantées d'arbres fruitiers et de toute essence, qui s'étendent au pied même de la colline qu'elle occupe, entourent d'une verte ceinture la ville, qui de cette belle et riante position jouit d'une vue admirable sur les coteaux et les montagnes qui l'entourent et sur la Limagne, la plus magnifique, la plus riche plaine de France, bornée à l'est par la haute chaîne du Forez. — Les places de Clermont sont célèbres : la *place de la Poterne*, la *place Saint-Hérem*, la *place d'Espagne*, la *place du Taureau*. De la plupart on jouit d'un magnifique panorama. La *place de Jaude*, la plus grande de Clermont, a 262 mètres de longueur sur 82 mètres de largeur. Vers l'extrémité s'élève la statue du général Desaix. C'est la place la plus fréquentée, bien qu'elle soit à l'extrémité de la ville. Là, jadis, s'arrêtaient les diligences : c'est le vaste champ de foire, le centre des grands hôtels, le bureau des voitures pour le *Mont-Dore, La Bourboule, Saint-Nectaire* et les stations des environs. Les omnibus qui se dirigent vers Royat, à un quart d'heure de la ville, partent de la place de *Jaude*. Les eaux thermales de *Royat*, jaillissant de terrains volcaniques, sont aujourd'hui fort à la mode. *Jaude*, comme disent les Auvergnats, est vraiment beau à voir les jours de grande foire aux chevaux, quand la place est encombrée de bêtes et de gens, que les hôtels regorgent de voyageurs, des hobereaux de la contrée, des maquignons de toute la France; alors que la chaleur est torride et que les tables d'hote rivalisent pour offrir à leurs cliens, au milieu des mouches et de la poussière, les mets les plus savoureux.

Porche de l'Église de [illegible] à Blois

# CHAPITRE QUATRIÈME

Le musée de Riom. — Les princes d'Orléans à Randan. — Eugène Rouher. — Les débuts d'un Vice-Empereur. — Sa jeunesse. — Sa famille. — Troubles de Clermont-Ferrand. — Le conseiller Conchon. — Un bal costumé à Riom. — M. Rouher, député, ministre. — Le beau-père d'un ministre. — Les convictions politiques en Auvergne. — La Duchesse d'Angoulême et l'Impératrice Eugénie à Riom.

Nous sommes de ceux de Riom, est-il besoin de le dire, et demeurerons éternellement fidèles à notre ville natale. Riom n'a point d'Académie comme Clermont-Ferrand; toutefois, nous avons la prétention d'être ville lettrée et savante. Le musée de Riom, installé dans l'ancien hôtel des comtes de Chabrol [1], a été constitué il y a quelques années en société. C'est là que sont installées les collections et la bibliothèque de la ville [2]. Dans la liste des membres du musée, à côté du nom de Mgr le duc d'Aumale et des princes d'Orléans, propriétaires du château de Randan (arrondissement de Riom), je trouve le nom d'Eugène Rouher, la dernière gloire de Riom, la cité qui s'honore de lui avoir donné naissance.

Je n'ai vu qu'une fois dans ma vie le célèbre ministre. Bien qu'il soit un peu tard aujourd'hui pour faire ma cour au Vice-Empereur, il m'arrive parfois de regretter de n'avoir jamais, durant ma carrière, fait appel au crédit de mon illustre compatriote. Il avait connu la plupart des miens et, lorsqu'il débutait tout jeune au barreau de Riom, il plaida, m'a-t-on raconté, un de ses premiers procès pour le fermier de mon vieil oncle le chevalier de Forget. En bon et fidèle Auvergnat, M. Rouher aime sa ville plus qu'aucun lieu du monde; il s'y est marié, n'a cessé d'y revenir, et là sont encore ses meilleurs et ses plus sincères amis. Il y a quelques années (on était alors en pleine splendeur impériale), le ministre d'État, se trouvant à Vichy, vint avec ses deux filles visiter sa ville natale. La famille se reposa quelques instants dans la petite et modeste maison paternelle.

L'une des deux filles de M. Rouher, l'aînée, je crois, née et élevée à Paris sans doute, dans un de ces appartements officiels tendus de l'éternel damas rouge, regardait dédaigneusement le petit nid paternel et toisait de haut les bons habitants, amis et camarades de son père. Sa jeune sœur, au contraire, avec une grâce charmante, un tact de bon aloi, semblait toute heureuse de retrouver les souvenirs de son enfance et de comparer la petite maison de Riom aux lambris dorés du Louvre. Elle supplia, dit-on, son père de ne jamais se dessaisir de l'habitation paternelle. Je n'ai l'avantage de connaître ni l'une ni l'autre des filles de l'ancien ministre; mais l'une d'elles, je l'avoue, a de ce jour et pour jamais conquis toutes mes sympathies.

Du reste, voulant avoir sur M. Rouher des renseignements aussi exacts que possible, je me suis adressé à une vieille parente qui n'a jamais quitté l'Auvergne. Voici sa lettre; je la transcris presque intégralement. Malgré le côté intime des détails qu'elle contient, elle m'a paru fort curieuse. Rien de ce qui touche à un homme célèbre n'est indifférent. M. Rouher appartient à l'histoire et sa personnalité a été trop bruyante en ce monde pour qu'il ne nous soit point pardonné d'avoir voulu jeter la lumière sur ses commencements :

« Tu me demandes, mon cher enfant, des choses auxquelles je suis vraiment un peu embarrassée de répondre. D'abord, je ne trouve pas notre Rouher aussi légendaire que tu veux bien le dire. Il est un peu trop de la maison, il est vrai, pour nous éblouir. Commençons par sa généalogie. L'arrière grand-oncle du ministre, *Pierre-Denis Rouher*, fut le dernier abbé du célèbre Chapitre d'Artonne, en 1787. Quant à son grand-père, il cultivait ses vignes au même village d'Artonne, près de Riom, avec succès; si bien que le fils devint avoué à Riom, où il réussit médiocrement, il faut le dire. Il avait acheté dans notre ville, rue Desaix, une petite maison à un étage. C'est là qu'est né, en 1814, l'illustre ministre qui a fait Sadowa, le Mexique, a laissé entreprendre la guerre avec la Prusse et tant d'autres choses. Mais assez! N'oublie pas que je suis restée vieille royaliste enragée, mon pauvre ami! Cependant je veux bien t'accorder que Rouher a quelques bonnes actions à son actif : le jour surtout où il déclara que *jamais* la France n'abandonnerait le Saint-Père à Rome.

« La maison des Rouher est petite, noire et basse. Elle a été vendue sous l'Empire, il y a plusieurs années, par le ministre, sur le désir, presque sur l'ordre de l'une de ses filles, à un menuisier nommé Grenet.

« Eugène Rouher fit son droit à Paris vers l'année 1835 ou 1836. Il fréquentait beaucoup, paraît-il, les bals scolaires et champêtres de l'époque et, tout en pâlissant sur ses livres, menait très-joyeuse vie, au dire des contemporains. Il revint à Riom comme avocat stagiaire. Peu de temps auparavant, il avait eu la douleur de perdre son frère aîné, de beaucoup plus âgé que lui. Ce dernier possédait un excellent cabinet d'avocat. Le cadet hérita de la clientèle et, se mettant à travailler dur, parvint en peu d'années à se créer une très-bonne position au barreau de Riom, car il avait la parole facile, comprenait bien les affaires et se faisait aimer de tous.

« En 1842, les Auvergnats, c'est-à-dire, entendons-nous, nos compatriotes de Clermont, aussi peu experts vers ces temps-là qu'aujourd'hui en politique, ne s'avisèrent-ils pas de se soulever et de faire une émeute à l'occasion du recensement général! Tu es trop jeune pour t'en souvenir! Les malins d'alors se figurèrent ou plutôt firent croire aux habitants naïfs qu'il s'agissait d'établir un nouvel impôt sur leurs vins... Impossible de les détromper. Ces troubles prirent une certaine gravité. On chanta la *Marseillaise* et on alla jusqu'à mettre le feu à la maison du maire, M. Conchon. Ce brave Conchon était un mince avocat de Clermont, qui plaidait peu, mais faisait force petits vers anacréontiques pour les réunions du Caveau de Clermont. Je crois même qu'il avait, à l'instar des beaux esprits du temps, un peu traduit le poëte Horace. Néanmoins, il était sans grande fortune et orné de deux filles et d'un fils. Or, sa maison brûlée devint la source de sa prospérité. Tu vas voir comment. On la lui reconstruisit d'abord, et pour ce il lui fut compté cent bonnes mille livres. Ensuite, le gouvernement le décora, je ne sais trop pourquoi, et en fit un conseiller à la Cour de Riom. C'était beaucoup déjà; sa chance, cependant, ne devait pas encore se borner là : M^lle^ Conchon aperçut à Riom le jeune Rouher et fut émue. De là, déclaration au papa qu'on n'épouserait personne autre que le charmant avocat. Le conseiller résista d'abord, puis finit par céder.

« Voilà donc notre Rouher vivant heureux, gagnant passablement d'argent et trouvant que le roi Louis-Philippe était peut-être bien le plus brave des hommes et le plus sage des rois. Rouher était à cette époque un fort gai compère, ne dédaignant pas la plaisanterie, bon vivant, adoré de tous et, de plus, fort joli garçon.

« Je me souviens de certain bal costumé donné à Riom par la baronne Voysin de Gartempe, veuve du Conseiller à la Cour de cassation, dans lequel le jeune couple Rouher fit pour la première fois son entrée dans les salons de la société aristocratique de la ville. Tu sais combien, en ce temps-là, nous étions rigides, exclusifs. Un vrai Poitiers[3] ! L'apparition du nouveau ménage fit grande sensation. Toute vieille que je suis, je vois ce bal comme si c'était hier. Rouher arriva dans un costume de Pierrot à carreaux blancs et rouges; à chacun de ces carreaux pendait un *cosaque*, sorte de bonbon fulminant, et nous vîmes bientôt dames et demoiselles s'empresser autour du joli Pierrot afin de lui arracher un cosaque, emportant chaque fois, avec le bonbon, une bribe de son vêtement. — Mais attendons la fin : au bout d'un quart d'heure, l'ami Rouher n'avait sur lui que des loques, lorsque tout à coup, brillant papillon, il sortit de sa chrysalide pour apparaître dans un superbe costume espagnol. Le succès fut complet. Sa femme, elle aussi, déguisée en Espagnole, n'avait oublié ni le jupon court, ni le poignard à la jarretière. Pour en revenir à Rouher, sa jeune épouse était jolie à croquer, mignonne et sémillante à ravir. Nous étions bien un peu susceptible et enfant gâtée, et n'avions certes pas autant d'esprit que notre mari; mais, bah! le gaillard avait de quoi suffire à deux. »

Afin de compléter les renseignements de notre vieille parente, voici des fragments de lettres écrites de Riom par des compatriotes de notre illustre ministre :

« En 1848, M. Rouher hanta les clubs, y parla même beaucoup. Il passa sur une liste républicaine de quinze députés, dont Altaroche, Trélat, etc., qui furent élus tous. Il se fit remarquer à la Chambre, devint ministre sous le Président, et le fut toujours depuis. M. de Morny, un Auvergnat d'adoption, avait pris M. Rouher en goût, et l'initia aux mystères de l'élégance et de la politique. Celui-ci, peut-être, ne se montra-t-il pas assez reconnaissant, et devint plus tard, m'a-t-on dit, son mortel ennemi. Les gens les plus dévoués à M. Rouher trouvèrent qu'il eut grand tort de se lier autant avec le marquis de La Valette, lequel parvint à faire épouser à son beau-fils, le jeune Américain M. Welles, une des deux filles de M. Rouher. M. Rouher n'avait, en effet, nul besoin du marquis et de ces sortes d'amis, gens auxquels il est bien supérieur. Il lui eût été certainement loisible de choisir un mari pour sa fille parmi les plus illustres ou parmi les plus anciens noms de France. M. Rouher a toujours été sensible, généreux; il accueillait très-cordialement ses compatriotes, rendant service aux personnes du pays et surtout aux gens de son entourage immédiat. Quoi qu'il en soit, il est fort à regretter que dans sa puissance quasi souveraine il n'ait rien fait d'exceptionnel pour Riom, où il venait rarement dans ces derniers temps.

« Esprit très-caustique et finement moqueur, M. Rouher était doué d'une mémoire inouïe et d'un vrai talent d'imitation; de plus, charmant causeur et conteur spirituel. On se souvient encore à Riom de ses saillies et de ses mots. Lorsqu'il débarquait en Auvergne pour le conseil général, il logeait à Clermont ou aux environs. Sa famille a été bien pourvue. Son frère aîné, mort jeune encore, avait laissé une veuve et un fils. La veuve, qui s'appelait Sophie, vit encore. Sous l'Empire, elle tenait à Riom un salon, et l'on se plaisait à lui donner le nom de *Princesse Sophie*. C'était une femme d'une rare valeur, pleine de courage et d'intelligence, qui a contribué beaucoup à la première fortune de la famille. Tous les magistrats allaient lui faire une courbette. Elle avait une excellente influence sur son beau-frère, et ses recommandations étaient fort écoutées. Son fils n'est autre que Gustave Rouher, récemment encore maître des requêtes et secrétaire de son oncle.

« M. Rouher fit d'un de ses beaux-frères un receveur général, et de l'autre un préfet. Quant à son beau-père, M. Conchon, il devint conseiller à la Cour de Paris. Celui-là était un singulier homme ; nul toutefois ne devint plus fier du mari de sa fille. Il était resté provincial et peu familier surtout avec les rues de la capitale ; on le rencontrait sans cesse demandant son chemin aux passants en ces termes : « Pour aller chez mon gendre, au ministère, par où faut-il passer ? » ; ou bien il interrogeait les marchands, avec lesquels, selon l'habitude de la province, il causait volontiers des affaires du jour ; puis, après avoir fait un achat, il glissait : « Vous porterez cela, n'est-ce pas ? au ministère, chez M. Rouher, mon gendre. » Ce gendre le satisfaisait alors infiniment plus, il faut l'avouer, que le jour où le jeune couple s'agenouillait à l'autel dans la petite église des Marthurets.

« Sous l'Empire, la rue où était né obscurément

le premier ministre devint la rue *Eugène-Rouher*. Au 4 septembre, le Conseil municipal, qui sûrement comptait parmi ses membres des parents à lui... et des obligés..., s'empressa, dans un élan de courage civique et de républicanisme, de biffer ce nom et de rendre à la rue le nom primitif de *Desaix*, qu'elle porte encore. Cette courageuse résolution fut prise sur la proposition du maire et à la presque unanimité ; nous disons presque, car nous savons des membres dudit Conseil municipal qui sortirent indignés de la réunion, et ceux-là cependant n'étaient point des partisans de l'Empire !

« Depuis nos six années de République, il y a eu revirement. Le succès de M. Rouher aux élections dernières (1876) tient sans doute à sa personnalité, à son nom connu des paysans, mais surtout à ceci : c'est qu'il représente l'Empire, et que les paysans d'Auvergne ne connaissent pas autre chose et ne comprennent pas plus la République que le drapeau blanc, il faut bien en convenir. »

A ce propos, afin de prouver combien passagers et éphémères sont les engouements et les passions politiques, nous ne pouvons nous empêcher de faire de singuliers rapprochements. Se souvient-on encore à Clermont de la visite faite, en 1858, par LL. MM. II. l'Empereur Napoléon III et son épouse l'Impératrice Eugénie ? Que de fleurs, que de cris enthousiastes, que d'arcs de triomphe dans chaque village ! Quel frénétique enivrement ! Or, au mois de juillet 1815, nos deux capitales auvergnates, Clermont et Riom, firent montre de joie, d'ardeur et d'enthousiasme royaliste, et ne le cédèrent en rien à l'ivresse universelle qui saisit à ce moment la France au retour de ses rois bien-aimés. Le Bourbonnais, le premier, reçut la visite de Mme la duchesse d'Angoulême. Après une réception triomphale à Moulins, la princesse s'arrêta à Vichy pour y prendre les eaux. Une députation choisie au sein du Conseil municipal de Clermont fut chargée d'aller à Vichy présenter ses hommages à la princesse. Je retrouve dans la députation les noms de MM. de Chazelède, d'Aubière, Domergue, du Monteix, Culhat-Duchamont, Dufraisse de Neuville et de Tremiolles, anciens officiers.

Riom, à son tour, ne voulut point céder le pas

à Clermont, et le Conseil municipal, réuni spontanément, dépêcha une députation pour porter à la princesse le tribut des sentiments de la ville. Les délégués reçus à Vichy par Mme la duchesse d'Angoulême étaient MM. Boudet, premier adjoint, sous-préfet par intérim de l'arrondissement; Bayle, Teilhard-Chambon, Chamerlat de Guerines et le docteur Chossier.

Le discours du président de la députation se terminait ainsi :

« Ange tutélaire de la France, le Ciel, en prenant soin de vos jours, a veillé sur les destinées de ce vaste royaume. Il vous avait réservée, nous n'en doutons pas, pour réconcilier la France avec l'Europe, pour faire la consolation du meilleur des Rois par vos éminentes qualités, l'ornement de son trône par vos vertus sublimes, et le bonheur d'un prince bien cher aux Français, qui leur devient de jour en jour plus cher par le titre de votre auguste époux.

En rentrant en France, l'auguste famille des Bourbons a conduit à sa suite la religion, la paix et la justice. Pouvions-nous attendre du Ciel tant de bienfaits? Que d'actions de grâces n'avons-nous pas à lui rendre! Mais de longues années de constance et d'épreuves ont altéré la santé de Votre Altesse Royale. Son prompt rétablissement devient aujourd'hui l'objet de tous les vœux et la sollicitude particulière de la ville de Riom.

qui se félicite de devoir aux bienfaits de vos ancêtres huit siècles de splendeur. Cette ville fut jadis la résidence d'Alphonse, frère de saint Louis; elle était sous le Roi, votre auguste père, la capitale du duché d'Auvergne, la généralité de la province, le chef-lieu d'apanage de Monsieur, comte d'Artois; elle eut le bonheur de célébrer la naissance de Mgr le duc d'Angoulême et de recevoir Mesdames de France, Adélaïde et Victoire, dont le souvenir est si précieux. Madame peut juger de l'étendue de ses sentiments.

Si, à l'exemple de ses augustes tantes, Son Altesse Royale daignait honorer cette ville de sa présence, elle y trouverait encore des cœurs émus, soumis et sensibles, qui sauraient sentir le prix de cette insigne faveur, et seraient empressés de rendre à la fille des Rois tous les devoirs que commandent sa naissance, ses malheurs et ses vertus.

Qu'il me soit permis d'adresser à Madame les mêmes vœux au nom du premier arrondissement communal du Puy-de-Dôme, que j'administre, en ce moment, en qualité de sous-préfet par intérim. »

La duchesse d'Angoulême, Madame, cédant aux instances des aimés sujets du Roi son oncle, se rendit à Clermont d'abord, et visita également la seconde capitale de l'ancienne Auvergne. Ce fut même à Riom que la princesse prononça un mot resté dans le cœur de tous nos compatriotes ses contemporains.

Après une réception toute royale, Madame fut conduite sur la promenade qui domine la ville. A la vue de ce splendide pays qui se déroulait à ses pieds, de cette richesse inouïe de la nature, de ces sites pittoresques et enchanteurs, de ces populations nombreuses aux costumes brillants et variés, descendues de leurs montagnes pour accourir autour d'elle, la princesse ne put contenir son émotion et son enthousiasme, et s'écria : « Ah ! je voudrais être Auvergnate ! »

Un demi-siècle plus tard, une grande dame espagnole, devenue Impératrice des Français, visitait la ville de Riom et fut amenée devant la même fenêtre. Elle aussi, comme la fille des Bourbons, s'arrêta interdite devant le panorama admirable offert à sa vue. La riche Limagne se découvrait tout entière, avec ses villes et ses villages, jusqu'aux montagnes du Forez ; à l'horizon les châteaux de Randan et de Busset semblaient commander l'entrée de cette riche plaine, placés comme pour la défendre contre les invasions ennemies. L'admiration de l'Impératrice ne le céda point à l'enthousiasme de la duchesse d'Angoulême ; mais les Auvergnats ne purent s'empêcher alors de se souvenir de l'exclamation de la princesse française.

La moralité de tout ceci prouve que notre vieille Auvergne a toujours été, comme le reste de la France, altérée de calme, de tranquillité et de paix. Qu'un souverain, roi ou empereur, peu importe, apparaisse à Vichy pour y prendre les eaux, les municipalités clermontoise et riomoise lui enverront une députation pour lui présenter leurs hommages et leurs vœux les plus sincères. M. le maréchal président, duc de Magenta, lui-même, à la condition qu'il apparût entouré de ses officiers et escorté de son ministre de la guerre, serait l'objet d'une ovation semblable s'il venait visiter nos provinces : tant il est vrai qu'en dépit des révolutions et des transformations politiques, l'esprit du peuple ne change jamais. Les petits, les humbles et les faibles rechercheront toujours l'aide, l'appui, le conseil de celui qu'ils croiront le plus fort, le meilleur, le plus puissant. Cette vérité, aussi ancienne que le monde, est gravée dans l'âme de tous et des Auvergnats en particulier. Il ne saurait y avoir de famille sans chef, de maison sans maître, d'État sans monarque et de religion sans Dieu.

# NOTES

## DU CHAPITRE QUATRIÈME

1. *Guillaume-Michel Chabrol*, avocat du Roi au présidial de Riom, le savant commentateur des *Coutumes d'Auvergne*, né à Riom (1714-1792). L'un de ses fils, le comte de Chabrol-Tournoël, fut maire de Riom et député pendant la Restauration; un autre, le comte de Chabrol-Volvic, préfet de la Seine à la même époque; le troisième, comte de Chabrol-Crouzol, fut ministre de la marine; le quatrième, comte de Chaméane, fut député du Puy-de-Dôme. Le petit-fils du comte de Chabrol de Tournoël, le vicomte Guillaume, était député du Puy-de-Dôme à la dernière Assemblée, en 1870.

2. La bibliothèque de Riom est considérable; elle a été enrichie par les ouvrages nombreux et rares qu'elle a recueillis des anciens couvents de cordeliers, de bénédictins, d'oratoriens, qui existaient à Riom avant 1789. La maison centrale qui existe actuellement n'est autre que le vaste couvent des Cordeliers.

3. *Riom*, d'une origine moins vénérable et moins ancienne que Clermont, fut cependant la première et l'ancienne capitale du duché d'Auvergne, duché érigé en 1360, par le roi Jean, sur les terres confisquées précédemment au comte d'Auvergne, Guy II, par Philippe-

Auguste, en 1230. Le premier duc, Jean de France et duc de Berry, était fils de l'infortuné roi Jean, prisonnier des Anglais. Le jeune duc avait pour la ville de Riom et le pays de Limagne une telle prédilection qu'il y bâtit un magnifique palais (le palais ducal, sur les ruines duquel on a construit le palais de justice et la mairie, à Riom). Froissart, son contemporain, parle de ses splendides noces, qui attirèrent en 1388 les gentilshommes les plus qualifiés du royaume de France. Mais la petite capitale auvergnate était appelée à assister à d'autres spectacles moins joyeux : guerres civiles, invasions, pestes, siéges, tremblements de terre, rien ne lui fut épargné. Elle eut, il est vrai, l'honneur d'être visitée par plus d'un porteur de sceptre, tantôt en conquérant, tantôt en touriste. En 1126, c'était Louis le Gros; en 1465, le roi Louis XI; en 1485, le roi Charles VIII; en 1533, le roi François Ier; en 1566, le roi Charles IX. Ce dernier, ayant entendu citer la ville comme infidèle, alla dîner au village de Saint-Bonnet. — L'Empereur Napoléon III fut, jusqu'à ce jour, le dernier souverain qui visita notre ville.

Quant aux libertés civiles et municipales, le moyen âge ne nous refusa rien. En 1270, le prince Alphonse, père de saint Louis, confirma à Riom tous ses priviléges et reconnut son indépendance par une charte, écrite en patois, qu'il donna à Armezagues, près d'Aigues-Mortes, au moment de s'embarquer pour la croisade.

Le roi Philippe le Bel permit, en 1345, à la ville de Riom, d'acheter un hôtel consulaire. On voit encore à Riom, non loin de la mairie actuelle, dans la même rue, le charmant hôtel de ville appelé encore *hôtel des Consuls*, qui date de la première moitié du XVIe siècle. C'est un édifice précieux au point de vue de l'art, et qui mériterait d'être classé comme monument historique. Il appartient à un particulier. Plusieurs familles nobles et fort riches avaient fait bâtir dans l'intérieur de la ville de Riom de beaux hôtels dont nous parlerons plus tard. Il existe encore à Riom un certain nombre de maisons des XV^e^ et XVI^e^ siècles, avec portes à ogives et blasons, croisées à meneaux, et même quelques constructions en bois du XV^e^ siècle, comme à Clermont-Ferrand.

Voici ce que le citoyen La Vallée, ci-devant marquis de Bois-Robert (*Voyage dans les Départements*), disait de Riom en 1792 : « Riom est la plus jolie ville de ce département, et l'on peut même dire une des plus jolies de la République. Bien bâtie, percée de rues larges et droites, entourée de promenades agréables, située au milieu d'une plaine aussi riante que fertile, elle réunit tous les charmes des villes modernes sans avoir rien de la monotonie qu'elles reçoivent communément de leur régularité. La société est moins liante, moins hospitalière à Riom qu'à Clermont; le ton y est plus froid, plus cérémonieux : c'est une de ces villes où l'on veut être Paris. La Révolution a cependant un peu diminué ce faible ridicule. Elle tenait cette espèce de roideur dans les usages des gens de robe dont elle était pour ainsi dire peuplée sous l'ancien régime. Le présidial de Riom était un des plus considérables de France, et ses membres avaient toutes les prétentions des anciens parlements. Des juges et des plaideurs, tel fut longtemps le peuple de Riom; et assurément un peuple de protecteurs et de protégés est un peuple plein de gravité... »

Sans sortir des murs de Riom, notre bonne ville, voici quelques-uns de ses enfants, dont il nous est bien permis de citer les noms :

*Antoine Dubourg*, mort en 1538, chancelier de France.

Son neveu, ***Anne Dubourg***, conseiller au Parlement de Paris, né en 1521, fut, en 1559, condamné à mort et brûlé pour avoir embrassé la religion protestante.

***Gilbert Génébrard***, bénédictin, archevêque, prédicateur ardent de la Ligue. C'est ce prélat dont Jean Savaron recherchait l'amitié, dont saint François de Sales se vantait d'avoir été le disciple, et dont Richelieu, passant à Riom, saluait la maison paternelle par ces paroles pleines d'un révérencieux souvenir : ***O reverenda domus!*** (N. H. Gomot, *Abbaye de Mozat.*)

***Jacques Sirmond***, né en 1547, savant jésuite, fut confesseur de Louis XIII et mourut à plus de cent ans, en 1651. Son petit-neveu, ***Jean Sirmond***, secrétaire de Richelieu, fut un des premiers membres de l'Académie française. Il mourut en 1649. M. de Balzac, en août 1640, écrivait, à propos de Jacques Sirmond, au P. Ducreux, théologien : « C'est un admirable Père, je vous l'ay dict il y a longtemps, mais admirable en plusieurs façons et qu'il ne faut pas regarder par un seul endroit. Il a de quoy instruire les doctes et de quoy plaire aux honnestes gens; il a le solide et le délicat; et, sans parler des richesses d'un sçavoir choisy, ménagées par un jugement achevé qui en est le dispensateur et l'économe, je remarque en ses quatre-vingts et tant d'années tout le feu, tout le beau sang, toute la noblesse d'esprit qui se peut trouver dans la jeunesse des demy dieux. De grâce, faites en sorte que vos jeunes gens se proposent pour l'exemple la façon d'écrire de ce bon homme, qui fait tant d'honneur à son siècle et à sa patrie. »

Les premiers ***Arnauld*** étaient de Riom. Leur famille existe encore, alliée aux familles les plus considérables du pays. Que d'attaches entre Riom et Port-Royal!

***Jean De Combe***, avocat du Roi au présidial en 1584,

publia un *Traité des tailles* étant président du présidial de Riom. C'est à cette famille qu'appartenait la charmante héroïne de l'histoire contée par Fléchier dans les *Grands Jours d'Auvergne*.

*Pierre Chanut*, trésorier de France à Riom, président et ambassadeur en Suède auprès de la reine Christine, ministre du Roi à Lubeck, ambassadeur en Hollande. Il mourut en 1662. Ce fut un des diplomates les plus distingués de son temps.

*Antoine-Amable-Honoré Courtin*, neveu de Pierre Chanut, né en 1622, conduit en Suède par son oncle, devint secrétaire des commandements de la reine Christine de Suède et fut créé noble suédois. Nommé par Louis XIV conseiller d'État, il remplit les missions diplomatiques les plus importantes. Louis XIV l'appréciait beaucoup et voulut le faire ministre des affaires étrangères. Sa mère, Mme de Varengeville, fut aussi la mère de la maréchale de Villars.

*Claude-Ignace Prohet*, avocat en 1694, a publié, comme Guillaume de Chabrol, les *Coutumes d'Auvergne*.

*Louis Chaduc*, né en 1565, conseiller au présidial, amateur éclairé des arts, rapporta d'un voyage en Italie nombre de livres curieux et de tableaux de prix. Son cabinet fut acheté par le président de Mesmes, puis passa ensuite à Gaston de France, frère de Louis XIII.

*Amable de Bourzeis* (1606-1672), abbé de Saint-Martin de Core, prédicateur distingué, académicien.

*L'abbé Faydit* (1644-1709), écrivain distingué, connu par des libelles et des pamphlets, entre autres *la Télémacomanie*.

*Dom Touttée*, de la congrégation de Saint-Maur, bénédictin, mort, en 1718, à Saint-Germain-des-Prés. Sa famille a fourni des magistrats et des avocats fort distingués. Un de ses arrière-petits-neveux est avocat à Riom.

*Louis Archon*, chapelain du roi Louis XIV, érudit, frère de Joseph-Michel, un des derniers abbés de la riche abbaye de Mozat.

*Jean Soanen*, né en 1647 d'un procureur au présidial, oratorien, évêque de Senez, janséniste passionné. Exilé à la Chaise-Dieu, il y mourut en 1740.

*Danchet*, auteur d'opéras et de tragédies, né en 1671, mort en 1748. « Académicien très-médiocre, imitateur de Racine, ses tragédies, dit un biographe, n'ont du drame que la construction, et de la poésie que la rime. Il fallait qu'on fût bien indigent alors pour honorer l'auteur de ces froids pastiches du titre d'académicien. » Ce jugement est bien sévère. Sommes-nous donc devenus si riches aujourd'hui?

*Du Tour de Salvert*, correspondant de l'Académie des sciences.

*Pierre Victor Malouet* est également né à Riom (1740-1814). Il fut envoyé aux États généraux par le bailliage de Riom, en même temps que le marquis de La Fayette y représentait la noblesse du même bailliage. Malouet, défenseur énergique de la monarchie, réclamait un gouvernement analogue à celui de l'Angleterre. Échappé aux massacres de septembre 1792, il se retira en Angleterre, où il publia une *Défense de Louis XVI*. Malouet faisait partie de ce groupe de monarchistes constitutionnels qui luttèrent avec énergie contre les royalistes exaltés, les ultras. Ayant repris sa carrière en 1801, il fut nommé commissaire général de la marine, et, en 1808, conseiller d'État. Ministre de la marine sous le gouvernement provisoire, en 1814,

Louis XVIII le maintint à son poste. Malouet mourut peu de temps après. Il a laissé plusieurs ouvrages; ses Mémoires, fort intéressants, ont été publiés par son petit-neveu en 1868.

Encore un Riomois dont la vie occupée et bien remplie peut servir d'exemple à ces hommes laborieux et modestes qui préfèrent leur pays à une cause. — ***Amable-Guillaume-Prosper Brugière, baron de Barante***, est né à Riom en 1782, et mort au château de Barante en 1866. Comme la plupart des jeunes Auvergnats appartenant à la noblesse, il fit ses études au collége militaire d'Effiat, puis entra à l'École polytechnique. Auditeur au Conseil d'État en 1806, après plusieurs missions en Pologne, en Espagne, il fut préfet de la Vendée en 1809, et de la Loire-Inférieure en 1813. Conseiller d'Éta sous la monarchie des Bourbons, à laquelle il se rallia, il devint secrétaire général du ministre de l'intérieur et député du Puy-de-Dôme en 1815, pair de France en 1819. Il avait publié déjà plusieurs ouvrages : ***Des communes et de l'aristocratie***, la traduction des ***Œuvres complètes de Schiller***; mais son ouvrage capital fut l'***Histoire des ducs de Bourgogne et de la maison de Valois***, qui lui ouvrit l'entrée de l'Académie. M. de Barante accueillit avec empressement la révolution de 1830, conserva sa pairie et fut envoyé ambassadeur à Turin, puis à Saint-Pétersbourg. — Les loisirs que lui firent la République de 1848 et le second Empire lui permirent de se livrer de nouveau à des travaux littéraires : ***Notices sur le comte Mollien, — sur le comte de Saint-Priest; — Histoire de la Convention nationale; — Histoire du Directoire; — Études historiques et biographiques; — Histoire de Jeanne d'Arc; — Le Parlement et la Fronde; — Vie de Mathieu Molé; — Vie de***

*Royer-Collard.* Peu d'académiciens de ces temps furent aussi féconds que M. de Barante. Esprit éclectique, il sut toujours garder une égale mesure entre les partis, s'éloignant également des ultras et des libéraux. Retiré au château de Barante, près de Thiers, l'ancien ambassadeur, tout entier au travail et aux bonnes œuvres, a laissé à ses enfants un nom justement honoré par son érudition, sa bienveillance et sa charité. — Son fils est sénateur.

Après avoir parlé des enfants illustres ou notables de la ville de Riom, ne convient-il pas de dire quelques mots des demeures qu'ils ont habitées, et qui, pour la plupart, subsistent encore aujourd'hui? Ce retour vers le passé, cette nomenclature des vieux hôtels de Riom, avec la désignation qu'ils portent à cette heure, est d'un grand intérêt : c'est en quelque sorte l'histoire des familles avec l'histoire de leur logis. Ces curieux et précieux renseignements nous ont été donnés par un de nos alliés, M. Alphonse de Sablon du Corail, un érudit, un chercheur, amoureux s'il en fut de notre Auvergne. Nul ne connait plus à fond l'histoire du pays depuis deux siècles, et nul ne possède un plus riche trésor de documents, de titres et de manuscrits.

*Hôtel Courtin*, aujourd'hui *Voysin de Gartempe, rue de l'Horloge.* — Ce vaste hôtel, avec cour et jardin, orné d'une magnifique terrasse d'où l'on découvre tous les environs de Riom, était autrefois un couvent appartenant aux religieuses de la Visitation. Ces dames le vendirent, vers 1640, à la famille de la Cleyde. A la mort de Jacques de la Cleyde, conseiller du Roi en la sénéchaussée d'Auvergne, la maison fut vendue, en 1675, à Georges Courtin, comme subrogé au lieu et place des religieuses, qui étaient créancières du sieur de la Cleyde.

Ledit Georges Courtin était frère d'Antoine Courtin, conseiller d'État, résident général du Roi près les princes et États du Nord. Il avait épousé, en 1659, Jeanne Pascal, nièce de l'illustre Blaise Pascal. Son fils, Jean-Paul Courtin, écuyer, seigneur de Blot-Laroche, de la Gravière, trésorier de France au bureau des finances de Riom, chevalier d'honneur en la sénéchaussée d'Auvergne, fut un des fondateurs de l'hospice des Incurables, à Riom. Il avait épousé Jeanne Arnoux, et, après son mariage, il reconstruisit en partie l'hôtel, et y fit faire un magnifique escalier, dont la rampe en fer forgé porte encore entrelacés un *C* et un *A*, son chiffre et celui de sa femme, petite-nièce du P. Arnoux, confesseur de Louis XIII. A sa mort, en 1737, l'hôtel fut vendu à Jean-Jacques Lenormand de Flaghac, receveur des tailles à Riom (M. Lenormand de Flaghac était le frère de M. Lenormand d'Étioles, mari de la marquise de Pompadour). Le fils du receveur le revendit en 1762 à messire François Teilhot, conseiller du Roi, receveur général des finances en la sénéchaussée d'Auvergne, bisaïeul maternel du baron Emmanuel de Gartempe, propriétaire actuel de l'hôtel. — Cette vieille demeure nous est particulièrement connue, et nous nous souvenons, étant enfant, avoir joué bien souvent sur sa magnifique terrasse couverte, d'où l'œil découvre toute la plaine des environs de Riom. J'ai entendu raconter que sur ladite terrasse les dames de la ville s'étaient rassemblées en 1814 pour voir arriver, non sans quelque terreur, nos amis les alliés. Les régiments autrichiens, commandés par le général comte Perponcher, qui tinrent garnison à Clermont et à Riom pendant trois mois, n'y laissèrent point, paraît-il, de trop mauvais souvenirs.

*Hôtel du Jouhanel de Jenzat, rue du Nord.* — La famille du Souchet possédait très-anciennement un grand hôtel, avec jardin et vastes dépendances, dans le quartier des Cordeliers (aujourd'hui la maison centrale de détention). Antoine du Souchet, seigneur de Brion, le vendit à Michel de Vény, seigneur d'Arbouzes de Villemont, trésorier de France à Riom et premier maître d'hôtel du duc d'Alençon, qui le vendit à son tour, en 1575, à Jean Régin, seigneur de Grenier du Chassaint, lieutenant particulier en la sénéchaussée d'Auvergne. Sa petite-fille, Marguerite Régin, unique héritière des grands biens de cette famille, porta la baronnie de Palerme, près de Riom, et l'hôtel en question, à la famille de Besse, en épousant, en 1615, messire René, comte de Besse, seigneur de Ginestoux, etc., capitaine de chevau-légers, fils de haut et puissant seigneur Gilbert, comte de Besse, capitaine de cent hommes d'armes et chevalier des ordres du Roi.

Gabriel de Besse, son petit-fils, chanoine du chapitre noble de Saint-Pierre de Mâcon, propriétaire de l'hôtel par suite de partage avec ses frères et sœurs, le vendit, le 8 janvier 1748, à Guillaume du Jouhanel, baron de Jenzat, président au bureau des finances de la généralité de Riom. M. de Jenzat fit démolir une partie du vieil hôtel et édifier sur l'emplacement un des plus beaux hôtels de la ville; il orna les grands appartements de tapisseries, de tentures et d'un mobilier que les amateurs admirent beaucoup aujourd'hui. Son fils, conseiller au Parlement de Paris, épousa, en 1776, Marie-Marguerite Ferrand de Fontorte, fille de Michel Ferrand de Fontorte et de Jeanne de Sampigny d'Effiat. M. et M^me^ de Jenzat eurent l'insigne honneur de recevoir dans leur hôtel, en 1785, Mesdames Louise et Adélaïde de France, dans leur voyage en Auvergne. Madame Louise de France donna son portrait à M. et Mme de Jenzat en souvenir de leur hospitalité. On le voit dans un des salons de l'hôtel, qui appartient au petit-fils de M. de Jenzat, M. Adolphe de Sablon du Corail, ancien capitaine d'artillerie, marié à Mlle de la Tournelle.

*Hôtel de Bonnefoy, rue de la Charité.* — Cet hôtel appartenait autrefois à la famille Rollet de Mirabel. Les armes de cette famille sont gravées sur la tête du marteau *heurtier* de la porte cochère.

Marie-Gilberte Rollet de Mirabel, héritière de cette riche famille, épousa, en 1750, Claude de Chazerat, vicomte d'Aubusson, premier président de la Cour des aides de Clermont, puis intendant de la province d'Auvergne, et vendit, en 1768, l'hôtel Rollet à Jacques-François Montagnier. Jacques Delille, l'auteur du poëme des *Jardins*, était fils naturel d'Antoine Montagnier, avocat à Clermont, et frère de père de M. François Montagnier, grand-père de Mme la baronne de Bonnefoy, aujourd'hui propriétaire de l'hôtel. Le salon est tendu de magnifiques tapisseries représentant les tableaux de Lebrun. Le jardin est situé sur les anciens remparts.

*Hôtel de Vissaguet, rue de l'Hôtel-de-Ville.* — L'hôtel de Vissaguet a été bâti, en 1750, par M. Claude de Vissaguet, écuyer, seigneur d'Ussac la Tourette, trésorier de France en la généralité de Riom. — Il est resté dans cette famille jusqu'en 1845, époque où M. Théophile de Vissaguet l'a vendu à M. Tallon, notaire. C'est un beau et vaste logis.

*Hôtel de Cordès.* — Ce grand hôtel, avec jardin, situé rue de l'Hôtel-de-Ville, en face de celui de Vissaguet, a été construit, vers 1755, par François Grangier, baron de Cordès, marié, en 1751, à Marie-Thérèse Duboys, fille de

Claude Duboys, seigneur de la Mothe, et de Perrette de Vissaguet.

M. le comte de Vauthier, fils de Charles, comte de Vauthier, maréchal de camp, et de Marie Grangier de la Mothe, héritière de sa tante Anne Grangier de Cordès, a vendu, en 1876, cet hôtel à M. François Salvy, avocat à Riom et ancien député à l'Assemblée nationale de 1871.

*Hôtel d'Avaux, aujourd'hui du Corail.* — Jacques-Amable-Gilbert Rollet d'Avaux, seigneur d'Avaux, de Belleau, premier président du présidial de Riom, fit construire en 1760, rue de l'Intendance, un magnifique hôtel, avec corps de logis et pavillons entre cour et jardin, sur l'emplacement d'un vieil hôtel de famille tombant en ruine. M. d'Avaux avait épousé, le 21 mai 1758, M<sup>lle</sup> Adrienne de Villaines, dont le dévouement à son mari et la mort sur l'échafaud ont laissé un souvenir bien touchant.

« L'histoire de l'arrestation de M. d'Avaux a été bien connue des contemporains. Le président avait fait cacher dans un puits placé au fond de son hôtel, à Riom, une somme très-considérable, par deux domestiques qui avaient toute sa confiance. Malheureusement ceux-ci, succombant au désir de s'approprier le trésor, allèrent dénoncer leur maître au district de Riom comme donnant asile à des prêtres. Cette dénonciation et une fortune immense furent les causes de son arrestation. On opéra aussitôt une perquisition qui fit découvrir, à défaut de prêtres, plusieurs lettres de Mgr de Bonald, alors émigré. Le crime était des plus graves, suivant le code révolutionnaire, et il fut cruellement expié. Quant aux domestiques, ils achetèrent, peu de temps après la mort de leurs maîtres, des biens pour des sommes tellement disproportionnées avec leur position et leurs ressources connues, que personne ne douta qu'ils n'eussent mis la main sur le trésor. Ces acquisitions firent scandale. On ordonna de nouvelles recherches dans le puits, et on y trouva encore quelques pièces d'or échappées aux spoliateurs. Cette histoire de trésor s'était-elle ébruitée au moment de l'arrestation de M. d'Avaux, nous ne savons; toujours est-il que la foule fit irruption dans l'hôtel, aujourd'hui habité par le président Dumazeau, rue de l'Hôtel-de-Ville, à Riom, et qu'il fut entièrement pillé. Les serviteurs infidèles savaient seuls le secret de la cachette, car seuls ils en ont profité. Mme d'Avaux, qui n'était pas comprise dans le mandat d'arrêt, ne voulut pas abandonner son mari, alors paralysé, et demanda à partager sa captivité. Ils furent conduits ensemble à Paris sur une charrette, traduits devant le tribunal révolutionnaire, sur les réquisitions de Fouquier-Tinville, le 15 mai 1794, condamnés à mort et exécutés le même jour. » (*La Justice révolutionnaire en Auvergne*, par M. Boudet.)

M. d'Avaux avait une sœur, mariée, le 4 juillet 1748, à François Cadier, baron de Veauce, dont les enfants héritèrent en partie de la fortune de M. d'Avaux. L'un de leurs fils, Amable, baron de Veauce, chevalier de Saint-Louis, ancien officier au régiment de Conti (dragons), vendit, en 1818, l'hôtel d'Avaux à M. François-Alexandre, baron de Forget, fils de Claude de Forget et de Marie-Amable de Sampigny de Bussieres. Alexandre de Forget avait épousé, comme nous l'avons dit, Mlle Joséphine de Lavalette, fille de Marie-Armand Chamand, comte de Lavalette, directeur général des postes en 1815, et de Louise-Émilie de Beauharnais, qui sauva par son intelligent dévouement son mari, condamné à mort, peu de jours après l'exécution du colonel de Labédoyère et du maréchal Ney. Après la mort du baron de Forget, son hôtel fut vendu, en 1838, à M. Pierre de Sablon du Corail, fils d'Antoine du Corail, seigneur de la Terrasse, ancien officier, qui émigra, servit dans l'armée de Condé, rentra en France pour soutenir le mouvement royaliste à Riom, et expia sa foi politique avec courage sur l'échafaud révolutionnaire, le 1er frimaire an II. — Cet hôtel appartient aujourd'hui à un de ses petits-fils, M. Abel du Corail, marié, en 1867, à Mlle de Pierre de Bernis.

*Hôtel du Closel, rue du Commerce.* — Ce vieil hôtel, situé rue du Commerce, appartenant dans le dernier siècle à la famille de Laval, avait été vendu à Marie-Gilberte Rollet de Mirabel, femme de Claude de Chazerat, dernier intendant d'Auvergne. Reconstruit en entier sous Louis XVI, il fut vendu en 1805, après la mort de M. de Chazerat, à M. Guillaume du Closel, conseiller de préfecture de la Seine.— Son fils, président de chambre à la Cour de Riom, mort en 1870, entouré de la vénération de tous, l'a laissé à sa fille, Mme Edmond de Sablon du Corail.

*Hôtel d'Arnoux.* — Cet hôtel, situé auprès de la tour de l'Horloge, a été bâti par Jean Arnoux, jésuite et confesseur du roi Louis XIII. On y remarque de magnifiques sculptures qui agrémentent les fenêtres de la cour intérieure. Cet hôtel est connu sous le nom de la *Maison de l'Horloge.* Nulle part notre pierre noire de Volvic, lave des volcans préhistoriques, n'est taillée avec autant d'art. Ces sculptures semblent de la dentelle, et la cour intérieure est un petit bijou d'ornementation. Cette maison charmante appartient encore à un arrière-neveu du jésuite, le baron Victor d'Arnoux de Maison-Rouge, ancien préfet, aujourd'hui trésorier général à Limoges. Son grand-père était trésorier de France à Riom. — La fille aînée du baron d'Arnoux épousait, l'an dernier, mon jeune cousin Henri de Bricourt, le petit-fils de mon oncle le comte de Sampigny,

*Hôtel du Fraisse du Chey* (*Musée de Riom*). — Amable du Fraisse, écuyer, seigneur du Chey, procureur du Roi en la sénéchaussée et siége présidial de Riom, après avoir acquis plusieurs maisons dans les rues du Palais et de Chazeron, aujourd'hui de l'Hôtel-de-Ville et Chabrol, les fit démolir, et édifia, vers 1640, sur leur emplacement, le plus bel hôtel de la ville de Riom. M. du Fraisse se maria deux fois, d'abord avec Catherine de Vaux, dont il eut une fille unique, mariée, en 1762, à Claude-François Chabrol, lieutenant criminel en la sénéchaussée d'Auvergne et député de la noblesse de cette province aux États généraux en 1789; en secondes noces, avec Marie-Gilberte Boutet, dont il eut Amable du Fraisse du Chey, lieutenant général de la sénéchaussée d'Auvergne. M. du Chey, quoique appartenant à la noblesse, présida les assemblées du Tiers État d'Auvergne et fut député du Tiers aux États généraux. Il était royaliste et ennemi de la Révolution. Il émigra en 1790, rejoignit les frères du Roi à Coblentz, et fit la campagne de 1792 sous les ordres du marquis de La Queuille, son ancien collègue aux États généraux. Pendant son absence, le conseil général de la commune de Riom mit le séquestre sur son hôtel, et obtint, le 18 avril 1793, du district, de le convertir en maison de réclusion pour les suspects. Presque toutes les familles nobles du pays comptèrent alors des représentants parmi les prisonniers. Cette destination empêcha la vente de l'hôtel par le district, et M. du Fraisse en reprit possession à son retour de l'émigration. Il mourut sans postérité le 18 février 1807. M. Tailhardat de la Maison-Neuve, son collègue comme député du Tiers en 1789, et son beau-frère, comme mari de Jacqueline-Gilberte du Fraisse, acquit en 1808 l'hôtel de famille, et le vendit en 1817 à Gilbert-Gaspard, comte de Chabrol-Volvic, préfet de la Seine. Après la mort de M. de Chabrol et celle de sa femme Dorothée Lebrun, fille du duc de Plaisance, l'hôtel fut adjugé, sur la vente par licitation des biens de la succession, le 8 mars 1865, à la ville de Riom, pour en faire l'hôtel du Musée de la ville. Sous la direction intelligente de M. Mandet, conseiller à la Cour d'appel et président de la *Société du Musée*, l'hôtel a été réparé avec goût, et notre Musée possède en tableaux, objets d'art, livres, manuscrits, etc., des richesses qui peuvent être citées comme dignes des musées des plus grandes villes.

*Hôtel de Bénistan.* — Situé presque en face de l'Hôtel de ville, cet hôtel a appartenu pendant plusieurs siècles à la famille Soubrany de Bénistan. Jacques-Amable de Bénistan, chevalier, seigneur de Bonnebaud, et dernier descendant de cette ancienne famille, épousa, en 1788, Mlle Anne Chabrol, sœur du comte de Chabrol-Crouzol, ministre de la marine et des finances, et du comte de Chabrol-Volvic, préfet de la Seine. Il est mort en 1842, sans enfants, et son hôtel appartient aujourd'hui à son petit-neveu, le vicomte de Lauzanne, marié à Mlle Louise de Genestet de Saint-Didier.

*Hôtel de Sampigny.* — Ce grand hôtel se composait de deux corps de logis, l'un ayant sa façade rue du Commerce, et l'autre rue Grenier. Il appartenait en 1730 à Gabriel-François, comte de Sampigny, seigneur d'Effiat, mestre de camp de cavalerie. Après lui, l'hôtel fut partagé entre ses deux fils. La partie ayant façade rue du Commerce échut à Charles, comte de Sampigny d'Effiat, marié à Éléonore de Saint-Belin, et passa à son fils Louis, comte de Sampigny, marié à Gabrielle de Chardon des Roys; après leur mort, à leur fille unique, Catherine de Sampigny, mariée à Ernest de Rosninyven, comte de Piré, qui vendit, en 1845, l'hôtel à M. Duché, banquier à Riom. Plus tard, M. de Romeuf, avocat général à Riom, et depuis premier président à Pau, l'acheta, l'habita quelques années et le vendit, vers 1860, à M. Duchamp. Il appartient aujourd'hui à M^lle Duchamp. L'autre partie de l'hôtel, ayant façade rue Grenier, échut, après le comte François de Sampigny, à Victor-Ignace, comte de Sampigny, lieutenant général de la sénéchaussée, qui la fit démolir, et construisit à la place un bel hôtel qui, après sa mort, fut vendu au baron Grenier, premier président de la Cour d'appel et pair de France. Après lui, il appartint à sa fille, M^me de Combes, puis à son petit-fils, M. Paul de Combes, qui l'a vendu, en 1864, à M. de Berthet, propriétaire actuel.

*Hôtel du Deffant.* — Cet hôtel, rue Grenier, appartenait dans le dernier siècle à la famille du Deffant, qui a donné plusieurs grands prévôts de la maréchaussée d'Auvergne. M^lle Claude du Deffant le laissa, en 1821, à son neveu, M. Gustave Cathol du Deffant, conseiller à la Cour de Riom. Celui-ci, mort en 1875, l'a légué à son beau-fils, M. Louis de Chantemerle, sénateur. — M. Louis de Chantemerle a épousé, il y a quelques années, ma cousine germaine, Laure-Adélaïde de Sampigny.

*Hôtel Boyer de Saulnat, rue de l'Horloge.* — Cet hôtel appartenait, au XVII^e siècle, à la famille Boyer, riche et puissante famille d'Auvergne, dont un des membres, Thomas Boyer, avait construit *Chenonceaux*, en Touraine. Il passa dans la famille Teilhart de Monclars par le mariage de Marie Boyer, fille de Gilbert Boyer, seigneur de Saulnat de Blot-Laroche, avec Louis-Gabriel Teilhard de Monclars. Leur fille aînée l'apporta par mariage, en 1768, à son cousin Ignace-Hyacinthe, comte de Sampigny de Bussière, mon grand-père, lieutenant des maréchaux de France. Mlle de Sampigny, leur fille, épousa Claude de Forget, seigneur du Château, chevalier de Saint-Louis, lieutenant à la compagnie des mousquetaires gris, et lui apporta avec cet hôtel la terre de Saulnat, aujourd'hui encore à la famille de Forget. Claude de Forget eut pour héritier le baron Alexandre de Forget, auditeur au Conseil d'État en 1812, sous-préfet de Riom aux Cent-Jours, et préfet de l'Aude en 1832. Déjà propriétaire de l'hôtel d'Avaux, M. de Forget vendit l'hôtel Boyer, dont nous parlons, en 1820, à M. Pierre Maigne de la Gravière.

*Hôtel de Montmorin Saint-Hérem, aujourd'hui Desaix.* — La famille de Montmorin habitait autrefois un grand hôtel rue de Chazeron, aujourd'hui rue de Chabrol. L'hôtel fut vendu à Gilberte de Marcilly, mariée, en 1774, à Chrétien de Machecault, conseiller au Parlement de Bourgogne. Elle le légua à Élisabeth de Fretat, sa petite-nièce, mariée, en 1803, à Annet Gilbert Des Aix, cousin germain du célère général Des Aix, tué à Marengo. La maison appartient aujourd'hui à son fils, Léon Gilbert, baron Des Aix.

*Hôtel de Chalus.* — Citons encore, dans ce quartier, l'hôtel de Chalus de Sansas, rue Croisier, qui passa successivement à la duchesse de Narbonne-Lara, née Chalus, puis à Blaise Faydit, aumônier de Mesdames de France. L'abbé Faydit le légua à son petit-neveu, M. Amable de Sablon du Corail, officier de cavalerie, qui, en 1820, le vendit à M. Vernières, conseiller à la Cour d'appel.

*Ancien hôtel de Laubespin de Chardon des Roys.* — La famille de Laubespin possédait, au XVIe siècle, un grand hôtel quartier des Cordeliers, aujourd'hui rue des Pompiers; il fut vendu, vers 1650, à la famille de Chardon. Gabrielle de Chardon des Roys, fille de Claude-Joseph de Chardon des Roys, baron de Roche d'Agoult, officier au régiment d'Orléans, épousa, en 1803, Louis, comte de Sampigny, et lui apporta l'hôtel de Chardon. Leur fille unique, Gabrielle-Catherine de Sampigny, mariée à Ernest de Rosninyven, comte de Piré, vendit, vers 1840, cet hôtel à M. Calemard du Genestoux, conseiller à la Cour d'appel. Nous avons vu que la comtesse de Piré avait vendu aussi l'hôtel de Sampigny, qui venait de son père, tandis que celui-ci lui venait de sa mère.

*Ancien hôtel de la Monnaie, puis du Corail, aujourd'hui sous-préfecture.* — Ce grand hôtel, ayant façade sur la rue Croisier et jardin sur la rue Desaix, est le premier hôtel de la Monnaie qu'avait établi à Riom, en 1420, Charles VII, alors régent du royaume. L'édifice conserva sa destination jusqu'en 1579, époque où les consuls de Riom, ayant acquis l'hôtel de Chauvigny de Blot pour en faire l'hôtel de la Monnaie, vendirent le vieil hôtel à la famille de Brion. Gérard de Brion, marquis de Combronde, le vendit, le 18 octobre 1620, à Antoine de Sablon du Corail, qui y fit des réparations considérables. L'hôtel passa par succession à la branche aînée de cette famille, et appartenait, en 1741, à Jean-Antoine de Sablon du Corail, chevalier de Saint-Louis brigadier général des armées du Roi. Sa veuve, Marie d'Auteroche, fit reconstruire, en 1762, le principal corps de logis, l'augmenta de deux pavillons et orna de magnifiques tapisseries les principaux appartements. Son fils unique, M. Antoine du Corail, chevalier, seigneur de la Terrasse, en hérita. Il fut exécuté à Lyon, en 1793, comme nous l'avons déjà dit, à propos de l'hôtel d'Avaux. Après sa mort, le séquestre fut mis sur tous ses biens, qui furent vendus en partie, ainsi que les mobiliers qui garnissaient les châteaux de la Terrasse, de Beaubot, de Blanzat, et son hôtel de Riom. Son fils aîné, M. Pierre du Corail, propriétaire de l'hôtel par acte de partage de 1815, l'a vendu, en 1846, à l'administration du département, pour en faire l'hôtel de la sous-préfecture de l'arrondissement de Riom.

# CHAPITRE CINQUIÈME

Encore M. Rouher. — L'avocat de Riom et M. Desclozeaux. — M. Rouher candidat en 1848. — Les clubs de Riom. « A bas les aristocrates de la tribune ! » — Simplicité de mœurs du vice-empereur. — Les Auvergnats à Paris ; leur réhabilitation, par Xavier Aubryet. — Le duc de Morny, officier et député. — La nationalité auvergnate et la question des sucres. — Les bons *comtes* font les bons amis. — Les châteaux de Nades, Saint-Quintin, Chatelard, Chirat et Veauce.

Pour en finir avec M. Rouher, il me souvient avoir entendu conter, il y a quelques années, par M. Desclozeaux, collègue de mon père à la Chambre des députés du roi Louis-Philippe et sous-secrétaire d'État à la justice, une anecdote très-caractéristique au sujet de M. Rouher. C'était en 1845 ou 1846. Le sous-secrétaire d'État reçut un matin, à la place Vendôme, la visite d'un jeune homme qui lui était inconnu. « Je suis avocat au barreau de Riom, où j'occupe la première place, lui dit l'étranger.

Rien n'est plus facile à constater. Or, Monsieur, je désire entrer dans la magistrature. Toutefois, je vous l'avoue, c'est par la grande porte que je prétends arriver. Si le gouvernement du Roi peut m'offrir un siége de procureur général, je suis prêt à le servir. Dans le cas contraire, je décline toute autre proposition. »

Cette assurance fut loin de déplaire au secrétaire général. « Je parlerai de vous au garde des sceaux, Monsieur, répondit M. Desclozeaux, et je vous transmettrai sa réponse. Pour ma part, je comprends vos exigences et ne trouve pas excessive cette confiance en vous. Vous occupez le premier rang à la barre : vous voulez le conserver au parquet. » Quelques jours après, le garde des sceaux faisait offrir au jeune avocat riomois la place de premier avocat général dans une cour importante. Notre Auvergnat refusa, ainsi qu'il l'avait annoncé à M. Desclozeaux.

Que serait-il advenu si M. Rouher avait été procureur général en 1848 et au 2 décembre? L'Empire aurait perdu son meilleur avocat d'office, son très-habile et imperturbable défenseur.

Au demeurant, un esprit souple, élevé, une intelligence hors ligne, comme l'était M. Rouher, aurait sous tous les régimes trouvé sa place et marqué dans son pays au premier rang.

Le hasard a fait tomber entre nos mains un petit livre curieux et à coup sûr peu connu. C'est une plaquette imprimée à Trévoux sous ce titre : *Cinq séances au club de Riom, en 1848.* L'auteur, un Auvergnat, admirateur passionné de M. Rouher, relate dans ses moindres détails les séances du club de Riom, fort orageuses à cette époque. Ces réunions populaires avaient pour but d'examiner les titres des candidats à l'Assemblée constituante, et de faire subir à chacun des postulants un scrupuleux interrogatoire. L'aigle du barreau de Riom comptait, comme bien l'on pense, de chauds amis parmi ses compatriotes, en même temps que de violents adversaires. Toutefois, en lisant le compte rendu de ces séances de club, j'avoue avoir été fort étonné des violences de langage, de l'intolérance et de l'attitude tumultueuse de mes concitoyens. Les lions, il est vrai, étaient déchaînés partout, et Ledru-Rollin, Barbès et Blanqui tenaient à Paris le haut du pavé révolutionnaire. Le vent de la République soufflait à pleines voiles, si bien que, lui aussi, le gendre du conseiller Conchon, le jeune Rouher, fut forcé de se mettre à l'unisson. Qui pourrait lui jeter la pierre?

La séance du 30 mars, présidée par les citoyens Mouton aîné et Mouton jeune, *anciens étudiants en droit* (sic), fut particulièrement animée. Chose curieuse à relever, un cri formidable et retentissant dominait toujours le tapage : c'était le cri légendaire *A bas les gapians!* (Pour le lecteur non Auvergnat, le *gapian* est le modeste employé des contributions indirectes ou de l'octroi. Appelé par ses fonctions à visiter les cabarets et les caves et à percevoir les droits sur les boissons, c'est la bête noire du paysan, est-il besoin de le dire? Tous les électeurs, amis et ennemis, se rencontraient dans une unanimité touchante devant cette haine féroce déclarée aux *gapians*. A chaque interruption, à chaque reprise de la séance, ce cri de *Mort aux gapians!* excitait et réveillait les plus timides et les plus muets. Pauvres gapians!

Un orateur se leva pour demander au candidat Rouher s'il était vrai que l'entrée de son cabinet fût absolument interdite à quiconque n'apportait point une provision de cent francs, et que jamais paysan n'eût reçu de lui des conseils sans s'être soumis à cette dure formalité. M. Rouher répondit, fort justement, qu'en ceci il imitait tous les chefs de la démocratie, ses illustres confrères, et que les membres actuels du gouvernement, les Crémieux, les Marie, les Bethmont, n'avaient point pour habitude de plaider gratis. « Du reste, ajouta-t-il, moi aussi, citoyens, avant d'entrer dans cette Assemblée pour laquelle je sollicite vos suffrages, j'apporterai une ample provision de courage, de travail, de dévouement. En attendant d'autres interpellations, je me bornerai, en ce moment, à dire que mon dévouement à la République est sans bornes. Désormais la République ne peut plus être mise en question ; il ne s'agit plus que de l'asseoir sur des bases fortes, inébranlables, qui assurent la prospérité et la grandeur de la France. » Salves d'applaudissements entremêlés de cris *A bas les gapians!*

Une autre interpellation fut adressée au candidat. Quelqu'un l'ayant invité à expliquer son refus de défendre les accusés des troubles de Clermont, le futur président du conseil terrassa victorieusement son imprudent interrogateur et faillit arracher des larmes à l'auditoire en parlant de son beau-père et des joies de la famille. Voici en quels termes M. Rouher s'exprima :

« Lorsqu'un avocat est placé au banc de la défense, tout auprès de l'accusé, avec lequel il s'identifie pour ainsi dire, alors son droit ne se borne pas seulement à repousser les paroles qui viennent du siége de l'accusation, mais encore à scruter tous les témoins, chaque témoin. Or, je le demande, dans l'affaire de Clermont, me trouvais-je pour cela placé dans toutes les conditions de liberté nécessaires ? M. Conchon, mon beau-père, n'était-il pas le principal témoin, celui qu'il aurait fallu attaquer peut-être ? Si j'avais eu cette pensée, étais-je parfaitement libre ? Cette absence de liberté, que tous les cœurs droits et honnêtes comprennent vite, ne pouvait-elle pas devenir inquiétante et compromettante pour un accusé, accablante pour ma conscience?... Répondez, citoyen Vachez! répondez tous, tous autant que vous êtes ici!

« Ah! croyez-vous que je pouvais, que je devais sacrifier le bonheur et la sainteté de la famille? Non! non! Convenez que j'ai agi comme devait le faire un homme loyal, un avocat loyal. (Oui! oui! crie-t-on dans la salle. — Salves d'applaudissements qui semblent ébranler les voûtes [*sic*]).

« Et comment pourrait-on m'adresser un reproche semblable? Est-ce que, dans cette même affaire de Clermont, je n'ai pas défendu sept accusés de Chauriat, dont l'un, hier et tout à l'heure encore, me pressait les mains avec reconnaissance, ce qui me rappelle ce que je disais en plaidant pour eux, que la bourgeoisie avait un tort, à mon avis : celui de ne point assez se rapprocher de la classe du peuple.

« Aujourd'hui, grâce à la révolution de 1848, il ne peut plus être question de bourgeoisie ni de classe du peuple : il n'y a qu'un seul peuple comme une seule nation. C'est l'œuvre qui a été si merveilleusement préparée par *nos* (*sic*) journées de février, et qu'il appartient à l'Assemblée nationale qui va s'ouvrir de cimenter pour la fortune et la gloire de la France! » (Frénésie d'applaudissements. — *A bas les gapians!*)

A la séance du lendemain, 31 mars, les ennemis du candidat étant en majorité, il fut impossible à M. Rouher de placer une phrase. La séance était présidée par M. Sylvain Mari·, avoué, qui probablement manquait d'énergie ou d'habitude. Les cris : *A bas Rouher! à bas les Conchon! à bas les aristocrates de la tribune! à bas les gapians!* étouffèrent la voix de l'orateur, qui dut battre en retraite devant les énergumènes de Riom, lui, le futur grand avocat de l'Empire, qui devait si souvent, de sa voix puissante, écraser les velléités libérales des ennemis de son souverain.

L'auteur du compte rendu, témoin impartial, dont l'indignation contre les interrupteurs ne connaît pas de bornes, termine ainsi son petit livre :

« Gens ivres, gens jaloux, gens stupides, gens *dégoûtants*, qui avez étouffé la voix que vous auriez dû être heureux de pouvoir entendre, honte à vous! Allez, allez, vous n'êtes que des égorgeurs de la pensée! »

Quoi qu'il en soit, l'avocat de Riom fut envoyé par les Auvergnats à la Constituante, et passa le quatorzième sur une liste de 15, avec 48,282 voix. L'année suivante[1], à la Législative, il était réélu le second de son département par 51,115 suffrages. — Nous n'avons pas à suivre la longue carrière politique de notre compatriote. Ses merveilleuses facultés d'intelligence et de travail se développèrent chaque jour davantage sur une scène plus élevée, et comme au comte de Cavour on aurait pu confier à Me Rouher trois ministères... Ainsi que le grand Italien, il eût amplement suffi à la tâche. — Lorsque parurent, le 22 janvier 1852, les décrets impériaux relatifs aux biens de la famille d'Orléans, M. Rouher donna sa démission de garde des sceaux. Cet acte de dignité et d'indépendance n'étonna personne parmi ceux qui le connaissaient. Quelque temps après, il était appelé à la vice-présidence du Conseil d'État, et devenait le conseiller le plus écouté du souverain.

L'extrême simplicité de mœurs du vice-empereur restera légendaire. Homme de famille par excellence, il n'a cessé, au milieu des grandeurs, de conserver les goûts les plus modestes et son humeur gauloise. Ses soirées se passaient généralement auprès des siens; un petit cercle d'amis, de familiers auvergnats et autres, lui suffisait amplement, et il pouvait à sa guise, dans le sans-façon de l'intimité, satisfaire sa passion effrénée pour le piquet. Ses fidèles alors étaient quelques membres du Conseil d'État, M. Meynadier, ancien préfet du Puy-de-Dôme; M. Bayle-Mouillard, conseiller d'État; des magistrats d'Auvergne devenus Parisiens : M. Molin, M. Mauzat-Laroche, conseillers à la Cour ; puis, de temps à autre, on voyait apparaître de jeunes figures : celles de Guyot-Montpayroux, gai, plein de verve et de joviale humeur, avec son ami de Saint-Vallier, le secrétaire particulier, attentif, aimable, mais toujours grave. Ce dernier, secrétaire d'ambassade, avait été détaché du cabinet du ministre des affaires étrangères et placé directement auprès du ministre d'État par son protecteur, M. le marquis de La Valette.

A propos de notre Auvergne et des compatriotes de M. Rouher, nous lisions hier dans un livre de M. Xavier Aubryet, cet esprit charmant, plein de vigueur, de bon sens et d'originalité, une page qui raille vertement les Parisiens à propos des éternelles plaisanteries adressées à l'Auvergne. Les « grâces de la tradition parisienne refusant à quiconque se respecte d'être né Auvergnat », notre gai et spirituel vengeur énumère avec amour les porteurs d'eau et *charbounia* qui sont sortis de notre pays natal, depuis Vercingétorix, vrai héros, celui-là, de la *défense nationale*, jusqu'à Grégoire de Tours, Gerbert, L'Hospital, Pascal[3] et plus d'un autre, y compris le spirituel Chamfort[4], Domat[5] le jurisconsulte et Thomas[6] l'académicien.

« Savez-vous, ajoute M. Aubryet, quel fut chez nos Athéniens à bon marché le principal grief contre M. Rouher? — Le trop grand crédit de l'éloquence? — Vous n'y êtes pas! — La résistance du talent? — Pas davantage. — Le dédain de l'impopularité artificielle? — Vous êtes à cent lieues du motif de cette animosité cavalière... Ils ont accusé surtout M. Rouher d'être né en Auvergne!...

« Qui sait si un jour, dit l'auteur en terminant, cette hideuse vieille bête qu'on appelle l'anarchie relevait encore la tête, et si le vent révolutionnaire dispersait le tourbillon des persifleurs; qui sait si la France ne s'adresserait pas de nouveau, pour se défendre, à cette race sobre, patiente, ferme, qui a l'amour de l'ordre et du bon sens, et si elle ne s'écrierait pas à son tour : « A moi, Auvergne ! « voilà les ennemis ! »

Nous sommes fier de rencontrer un tel éloge de l'Auvergnat sous la plume d'un écrivain d'essence si parisienne, et nous voici réhabilités pour quelque temps.

Une autre figure politique non moins intéressante, et que nous pouvons revendiquer pour l'Auvergne, est celle du duc de Morny. Bien qu'il fût né à Paris, M. de Morny ne cessa durant sa vie de considérer le Puy-de-Dôme comme son pays d'adoption, son champ électoral. Les Auvergnats, de leur côté, le considéraient comme du terroir, et le souvenir de celui qui fut si longtemps et si souvent le député de Clermont est encore vivant et populaire dans notre province.

Celui-là, certes, n'était point un homme ordinaire. Nous ne savons quelles épreuves nouvelles sont réservées à la France; mais, dans un moment de crise, de danger public, à ces heures où les citoyens affolés réclament à tout prix le salut dans une détermination soudaine, énergique, dans un acte de volonté calme et indomptable, il n'est personne qui, retournant en arrière, ne songe à la nuit du Deux Décembre et au comte de Morny.

C'est bien à lui seul que le Président de la République, Louis-Napoléon, dut sa couronne. Sans vouloir sonder ou justifier les motifs qui déterminèrent Napoléon III à balayer les parlementaires et à « sortir de la légalité pour rentrer dans le droit », il faut reconnaître, bon gré, mal gré, que cet acte, si habilement exécuté, fut accueilli en France avec une joie réelle et comme un immense soulagement. Sauf un millier de politiciens et d'avocats, le pays sut un gré infini aux auteurs du coup d'État d'avoir interrompu si à propos les folies socialistes et ajourné pour vingt ans encore l'essai d'un nouveau gouvernement.

Auguste de Morny, né à Paris en 1811, fut

élevé par la comtesse de Flahaut (M^me de Souza). Sorti de l'École d'état-major, il devint sous-lieutenant en 1830, et passa quelque temps en Afrique, où il entretint avec les princes d'Orléans les rapports les plus intimes. Le jeune officier se distingua en plusieurs occasions, sous les ordres du général Changarnier et du général Trézel; sur le champ de bataille il fit preuve de cette décision calme, de cette intrépidité que devait déployer plus tard à un si haut degré l'homme public. En 1838, il donna sa démission, étant en garnison à Clermont-Ferrand, et peu de temps après fonda, dans les environs mêmes de la ville, une importante usine pour la fabrication du sucre indigène. L'année suivante, il publiait une brochure, *la Question des sucres*, qui eut un certain retentissement: si bien que les Auvergnats, parmi lesquels l'élégant officier avait laissé de nombreux amis, élurent député, aux élections de 1842, leur compatriote adoptif.

Le comte de Morny avait en lui un don de séduction, un charme particulier, une grâce irrésistible, qui le rendaient partout populaire et le faisaient aimer des grands et des petits. « Les bons *comtes* font les bons amis », avait-on l'habitude de dire, *place de Jaude*, à propos du député de Morny. Réélu en 1846, M. de Morny fit partie, à la Chambre, du groupe des jeunes conservateurs libéraux qui soutenaient M. Guizot dans la plupart des questions. Lorsque survint la piteuse et inutile révolution de 1848, le député auvergnat fut de nouveau envoyé à l'Assemblée par les électeurs de Clermont-Ferrand.

Les liens qui unissaient M. de Morny à l'Empereur Napoléon III n'étaient un mystère pour personne, et le dévouement, l'amitié constante des deux fils de la Reine Hortense l'un pour l'autre, sont restés légendaires. Toutefois le comte conserva toujours une entière indépendance vis-à-vis du souverain, et ne remplit jamais auprès de lui l'office de flatteur ou de complaisant. Après avoir accompli l'acte de Décembre, qu'il mena à si bonne fin comme inspirateur et acteur principal, M. de Morny, étant ministre de l'intérieur, n'hésita point à se séparer de la politique impériale lorsque ses conseils cessèrent d'être écoutés. Le 22 janvier 1852, jour où parurent les décrets de confiscation des biens de la famille d'Orléans, le frère naturel de l'Empereur, à ce moment le plus puissant personnage de l'Empire, se retira de la scène politique. Président du Corps législatif en 1854, il déploya dans ses fonctions un tact, un sang-froid, un esprit d'impartialité et d'à-propos qui le firent apprécier de ses adversaires.

Le duc de Morny fut, il faut bien l'avouer, la personnalité la plus brillante du second Empire. Homme d'État aventureux, il fut parfois un conseiller aux vues larges et fécondes. Gentilhomme accompli, grand seigneur plein d'élégance, de désinvolture et de séduction, il aimait les lettres, les arts, les chevaux, le luxe et les femmes, plaçant ces goûts divers à peu près sur le même plan. Cependant il céda à un entraînement, une fois dans sa vie, le jour où, déjà mûr, il épousait la jeune princesse Troubetskoï, rencontrée en Russie vers l'an 1857, lors de son ambassade extraordinaire.

L'Empereur le créa duc en 1862. C'était bien

le moins qu'il pût faire pour le plus fidèle et le plus utile de ses conseillers. On a reproché à M. de Morny ses ingérences dans des affaires financières un peu ténébreuses. Hélas! combien d'hommes touchant à la politique et à la diplomaatie ont été l'objet de semblables soupçons! Le duc de Morny est mort à Paris, en 1865, dans son charmant palais du Corps législatif, à la suite d'une courte maladie. Il mourut en pleine possession de son intelligence et de ses forces, debout, habillé, entouré d'amis et de visiteurs, ses salons éclairés, ouverts comme pour un grand jour de réception. Sa veuve, inconsolable, coupa sa blonde chevelure et la déposa, selon l'usage russe, dans le cercueil qui renfermait la dépouille de cet époux adoré. Revenue au calme, elle devint, trois ans après, duchesse de Sesto. Le duc de Morny a laissé à ses quatre enfants, deux fils et deux filles, une fortune assez considérable. La magnifique propriété qu'il avait créée à Nades, près d'Ébreuil, sur la lisière de l'Auvergne et du Bourbonnais, a été vendue il y a un an à peine.

Le château de *Nades*, placé au milieu des bois,

dans un pays assez désert, avait été construit par M. de Morny, plusieurs années avant son mariage, sur les plans et les conseils d'une femme intelligente et fort belle, M^me^ la comtesse Le Hon. Des sommes considérables furent consacrées à la construction de cette demeure princière, vraie folie de surintendant. La ferme et les dépendances sont surtout magnifiques. Une splendide terrasse domine les jardins, et la vue s'étend sur l'Auvergne.

Ce canton d'Ébreuil nous rappelle d'heureux jours passés, il y a vingt ans, au château de *Saint-Quintin*, chez le marquis de Longueil, père de notre cousine Ernest de Sampigny; au château du *Chatelard*, dans la famille si patriarcale, si tendrement unie des Féligonde, et au château de *Chirat*, chez la baronne de Bonnefoy. Non loin de Nades, encore un château, une merveille. *Veauce*. Quelle bonne et gracieuse hospitalité, là aussi, nous avons reçue, il m'en souvient, de la baronne de Veauce! Le baron de Veauce, député de l'Allier, gentilhomme aimable, que les ans n'ont fait qu'effleurer, était fort lié avec le duc de Morny, son voisin. C'est en admirant Veauce, ce bijou du moyen âge, que le duc eut l'idée de construire Nades; toutefois, malgré le talent et le goût de son architecte, et les splendeurs accumulées à grands frais, jamais le Louis XIV flamboyant de Nades ne pourra être comparé au merveilleux nid féodal des Barons de Veauce.

# NOTES

## DU CHAPITRE CINQUIÈME

Voici, depuis 1789, la curieuse nomenclature des parlementaires auvergnats. Parmi eux combien d'illustres, combien d'utiles!

*Assemblée constituante* (1789-1791). — Pour la sénéchaussée de Clermont. — Clergé : de Bonald, évêque de Clermont. — Noblesse : le comte de Montboissier. — Tiers État : Gaultier de Biauzat, Huguet. — Sénéchaussée d'Auvergne, à Riom. — Clergé : Boyer, curé de Neschers; Bourdon, curé d'Evaux, suppléant; de la Bastide, curé de Paulhaguet; dom Gerle, suppléant; de Bonnefoy, chanoine de Thiers; Brignon, curé de Dore-l'Église; Mathias, curé d'Église-Neuve. — Noblesse : le comte de Langeac; Chabrol, écuyer, suppléant du précédent; le marquis de La Fayette, le marquis de La Queuille, le marquis de la Rouzière, Le comte de Montboissier, suppléant du précédent; le comte de Mascion. — Tiers État : Malouet, du Fraisse du Cheix, Redon, Girot-Pouzol, Riberolles, Branche, Andrieu, Vimal-Flouvat, Grenier, Taillhardat de La Maison-Neuve.

*Assemblée nationale législative* (1791-1792). — Maignet, Gibergues, Thevenin, Gaubert, Téallier, Moulin, Soubrany, Couthon, Col, Cuel, Romme, Rabusson-Lamothe. — Suppléants : Bret, Henry, Barret du Coudert, Chandeson.

*Convention nationale* (1792-1795). — Couthon, Gibergues, Maignet, Romme, Soubrany, Bancal des Issarts, Girot-Pouzol, Rudel, Artaud-Blanval, Monestier, Dulaure, Laloue. — Suppléants : Jourde, Pacros (N.), Dijon.

*Conseil des Anciens* (1795-1800). — Il se composait, pour le Puy-de-Dôme, de quatre députés : Girot-Pouzol (1795-1798), Rudel du Miral (1795-1798), Artaud-Blanval (1795-1800), Gibergues (1795), Boirot (1797), Chapsal (1798-1800), Thevenin (1799-1800), Prévost (1799-1800).

*Conseil des Cinq-Cents* (1795-1800). — Il comprenait, pour le Puy-de-Dôme, huit députés : Bancal (1795), Dulaure (1795-1800), Jourde (1795-1797), Pacros (1795), Huguet (1795-1798), Bergier (1795-1800), Thevenin (1795), Favard (1795-1800), Milanges (1797), Picot-Lacombe (1797), Lamy (1797), Enjelvin (1798), Baudet-Lafarge (1798-1800), Grenier (1798-1800) Laloue (1798-1800), Chollet-Beaufort (1800).

*Corps législatif* (1800-1814). — De 1800 à 1803 : Bergier, Chollet-Beaufort, Girot-Pouzol, Thevenin, Favard. — De 1803 à 1807 : de Beaufranchet, Desribe, Deval. — De 1807 à 1814 : Favard, Brugière de Laverchère, Picot-Lacombe, Boirot, Desribe.

*Députés à la Chambre* (de 1815 à 1842). — Élections de mai 1815 : Moulin, Bager-Becker, Boirot, le baron Favard de Langlade. — Collége de Clermont : le baron Ramond. — Collége de Riom : Tailhand. — Collége d'Issoire : Triozon-Barbat. — Collége de Thiers : Madieu. — Collége d'Ambert : Maignet.

*Élections d'août* 1815. — Collége de département : comte Chabrol de Tournoile, Bayet, Pellissier de Féligonde, Vimal-Teyras, baron de Barante, baron Favard de Langlade, Amarithon de Montfleury.

*Élections d'octobre* 1816. — Collége de département : comte Chabrol de Tournoile, baron Favard de Langlade, marquis de Montaignac, Bayet.

*Élections de novembre* 1820. — Collége de département, composé de sept députés : Comte Chabrol de Crouzol, le baron André d'Aubière, Amarithon de Montfleury.

*Élections d'octobre* 1821. — Collége de département, composé de sept députés : comte Chabrol de Crouzol, le baron André d'Aubière, Chardon du Ranquet de Chaslus. — 1er collége (Clermont) : le baron Louis. — 2e collége (Riom) : le comte Chabrol de Tournoile. — 3e collége (Issoire) : le baron Favard de Langlade. — 4e collége (Ambert et Thiers) : Pourrat-Mathias (Pierre).

*Élections de janvier* 1822. — 1er collége (Clermont) : le baron de Trenqualye.

*Élections de février et mars* 1824. — Collége de département : Dauphin de Leyval (Augustin), Pellissier de Féligonde, Chardon du Ranquet de Chaslus. — 1er collége (Clermont) : le baron de Trenqualye. — 2e collége (Riom) : le comte Chabrol de Volvic. — 3e collége (Issoire) : le baron Favard de Langlade. — 4e collége (Ambert et Thiers) : Amarithon de Montfleury.

*Élections de novembre* 1827. — Collége de département : le comte Chabrol de Volvic, Pellissier de Féligonde, Dauphin de Leyval (Félix). — 1er collége (Clermont) : l'abbé de Pradt. — 2e collége (Riom) : Dauphin de Leyval (Augustin). — 3e collége (Issoire) : le baron Favard de Langlade. — 4e collége (Ambert et Thiers) : Riberolles (Barthélemy).

*Élections de juin* 1828. — 1er collége (Clermont) : le baron Simmer.

*Élections de juin et de juillet* 1830. — Collége de département : le comte Chabrol de Volvic, Pellissier de Féligonde, Riberolles (Barthélemy). — 2e collége (Riom) : Dauphin de Leyval (Augustin). — 3e collége (Ambert et Thiers) : Anisson-Dupéron.

*Élections d'octobre* 1830. — Collége de département : Molin (Louis), Baudet-Lafarge père, en remplacement de MM. Chabrol de Volvic et Pellissier de Féligonde, démissionnaires.

*Élections de juillet* 1831. — Le collége de département a été supprimé. — 1er collége (Clermont, *intra muros*) : le baron Simmer. — 2e collége (Clermont, *extra muros*) : Dauphin de Leyval (Félix). — 3e collége (Riom, *intra muros*) : Baudet-Lafarge. — 4e collége (Riom, *extra muros*) : Thevenin fils aîné. — 5e collége (Issoire) : Girot-Pouzol. — 6e collége (Thiers) : Baudet-Lafarge. — 7e collége (Ambert) : Pourrat fils aîné.

*Élections de septembre* 1831. — 6e collége (Thiers) : Desaix (Louis), en remplacement de M. Baudet-Lafarge, ayant opté pour le 3e collége.

*Élections de juin* 1833. — 3e collége (Riom, *intra muros*) : Maignol (Jacques), en remplacement de M. Baudet-Lafarge, démissionnaire.

*Élections de juin* 1834. — 1er collége (Clermont, *intra muros*) : Cariol. — 2e collége (Clermont, *extra muros*) : Jouvet. — 3e collége (Riom, *intra muros*) : Maignol. — 4e collége (Riom, *extra muros*) : Thevenin. — 5e collége (Issoire) : le baron Girot de Langlade. — 6e collége (Thiers) : Tourraud. — 7e collége (Ambert) : Molin.

*Élections de mars* 1839. — Jouvet, Dessaigne, le comte Chabrol de Volvic, de Combarel de Leyval, le baron Girot de Langlade, Berger, de Rosamel.

*Élections d'avril* 1839. — Molin, en remplacement de M. de Rosamel, nommé pair de France.

*Élections de juillet* 1842. — Le comte de Morny, Dessaigne, le comte Chabrol de Volvic, de Combarel de Leyval, le baron Girot de Langlade, Berger, Molin.

*A la Constituante* de 1848, les députés du Puy-de-Dôme furent : Altaroche, Jouvet, Charras, Baudet-Lafarge, Trélat, Lavigne, Girot-Pouzol, Jusseraud, de Combarel de Leyval, Lasteyras, Bravard-Veyrières, Gouttay, Rouher, Bravard (Toussaint), Asteix.

La *Législative* de 1849 fut ainsi composée : Berger, Jusseraud, Bravard-Veyrières, Charras, Chassaigne-Goyon, Léon de Chazelles, de Combarel, comte de Douhet, Girot-Pouzol, Lasteyras, comte de Morny, Moulin, Rouher.

*En* 1853, après le vote de l'Empire, le Puy-de-Dôme envoya comme représentants : le comte de Morny, de Penautier, de Chazelles, Rouher, Rudel du Miral, le marquis de Pierres.

*Élections de* 1858. — Comte de Morny, de Kersaint, remplacé en 1861 par M. Christophle ; de Chazelles, Rouher, Rudel du Miral, le marquis de Pierre.

*Élections de* 1863. — Comte de Morny, remplacé par Girot-Pouzol en juin 1865 ; Mège, Rudel du Miral, Christophle, Andrieux.

*Élections de* 1869 (23 et 24 mai). — Mège, Rudel du Miral, Christophle, Burin-Desroziers, le baron de Barante.

*Assemblée nationale* (8 février 1871). — Bardoux (Agénor), Moulin (Gabriel), décédé en 1873, remplacé par Girot-Pouzol ; le baron de Barante, Pellissier de Féligonde, de La Combe, vicomte de Chabrol, Eugène Talon, comte de Douhet, Roux, Vimal-Dessaigne, Girot-Pouzol, démissionnaire, remplacé par Salneuve.

*Sénateurs* du département du Puy-de-Dôme (janvier 1876). — Mège, ancien ministre, baron de Barante, Salneuve.

*Chambre des députés* (février 1876). — Agénor Bardoux, Eugène Rouher, Honoré Roux, Alfred Talon, Girot-Pouzol, Félix Duchasseint, Costes.

2. Notre compatriote *Blaise Pascal*, l'un des plus grands génies des temps modernes, naquit à Clermont, le 9 juin 1623, et mouru à Paris le 19 juin 1662. — Son père, Étienne, président en la Cour des Aides de Clermont, appartenait à une des bonnes maisons d'Auvergne. — Le grand-père de Pascal, était trésorier de France à Riom, et sa grand'mère fille du sénéchal d'Auvergne. — Les lettres de sa sœur, M^me^ Périer, nous apprennent « qu'il donna dès l'enfance des marques d'un esprit extraordinaire par les petites reparties qu'il faisait fort à propos ». — Sa précocité était telle que son père, qui s'était voué entièrement à l'éducation de son fils, se démit de sa charge et vint à Paris avec ses enfants. L'élève voulait savoir la raison de toutes choses et étonnait son maître lui-même par une netteté d'esprit admirable pour discerner le faux. Dans tous ses raisonnements, il ne pouvait se rendre qu'à l'évidence : « de sorte, rapporte sa sœur, que quand on ne lui disait pas de bonnes raisons, il en cherchait lui-même ». Une fois, entre autres, quelqu'un ayant frappé avec un couteau sur un plat de faïence, le jeune Blaise remarqua que le son que rendait le plat était arrêté dès qu'on y mettait la main. Il voulut en même temps en savoir la cause, et cette expérience le porta à en faire d'autres sur les sons. « Il y remarqua tant de choses qu'il composa, à l'âge de douze ans, un *Traité* qui fut

trouvé tout à fait bien raisonné. » — Ce fut vers la même époque qu'il témoigna d'une aptitude extraordinaire pour la géométrie. Mais le père, désirant réserver cette jeune séve pour l'étude des langues, avait caché soigneusement tous les livres de mathématiques. Tant de précautions ne firent qu'exciter la curiosité de l'élève. Un jour, il demanda ce que c'était que la géométrie. Sur la réponse que c'était le moyen de faire des figures exactes et de trouver les proportions qu'elles avaient entre elles, il se mit aussitôt à rêver sur cette simple ouverture dans ses heures de récréation ; il poussa ses recherches si avant qu'il en vint, sans secours étranger, jusqu'à la trente-deuxième proposition du premier livre d'Euclide. « Comme il était là-dessus, ajoute sa sœur, mon père entra dans le lieu où il était sans que mon frère l'entendît ; il le trouva si fort appliqué qu'il fut longtemps sans s'apercevoir de sa venue ; on ne peut dire lequel fut le plus surpris, ou le fils de voir son père, à cause de la défense expresse qu'il lui avait faite, ou le père de voir le fils au milieu de toutes ces choses. » Le père fut pour ainsi dire épouvanté de cette précocité du génie : sans dire un mot, il quitta l'enfant pour aller, les larmes aux yeux, raconter sa découverte à un savant de ses amis, M. Le Paillent. « Voici, s'écria-t-il en lui montrant les démonstrations géométriques, ce qu'a fait mon fils. Il a inventé les mathématiques, malgré ma défense de s'en occuper. » Le père n'hésita plus à lui confier la lecture des éléments d'Euclide ; l'élève n'eut aucun besoin d'explication pour les comprendre et fit des progrès rapides et bientôt fut admis dans l'intimité du père Mersenne et autres grands savants de l'époque. — A seize ans il fit un *Traité des sections coniques* qui étonna Descartes lui-même. — A dix-huit ans, il inventa la machine mathématique destinée à faciliter les calculs de son père, qui venait d'être nommé intendant à Rouen. — Ce fut en 1647 qu'eurent lieu les fameuses expériences sur l'équilibre des liqueurs et la pesanteur de l'air, découvertes sur lesquelles est fondée la barométrie. — Cette expérience, qui démontrait la fausseté de cet axiome que la nature a horreur du vide, eut un grand retentissement. Elle fut faite, on s'en souvient. sur le Puy-de-Dôme, par M. Périer, beau-frère de Pascal et d'après ses indications. — Fort peu de temps après, l'esprit de Blaise Pascal s'étant tourné vers le dogme de la religion, il renonça à toutes les autres connaissances pour s'appliquer théoriquement à l'unique livre que Jésus-Christ appelle nécessaire. » — Les ouvrages de Jansénius opérèrent cette conversion. « L'étude de l'homme, la réflexion du monde moral, datèrent pour lui de ce jour-là », dit Sainte-Beuve (*Port-Royal*). — Sa sœur Jacqueline. âgée de vingt ans. entra en religion à l'abbaye de Port-Royal, sur les conseils de son frère. — Cependant pour lui n'était point encore arrivé l'instant psychologique, selon l'expression moderne ; il y avait eu seulement ébranlement. — La fortune dont Pascal avait hérité de son père, en 1651, lui permettait de mener un train de vie fastueux. « C'était le temps de la Fronde; Molière et Pascal, ces deux grands esprits, en ces libres moments, eux aussi, passaient leur jeunesse et menaient leur fronde. Au fort des discussions sur la *Grâce* et sur le livre de Jansénius, Arnauld ayant été condamné en Sorbonne, Pascal, pour le venger, écrivit les *Lettres de Louis de Montalte à un provincial de ses amis*. La vérité des accusations dont les jésuites y sont l'objet a été contestée par des écrivains qui les ont examinées avec sang-froid. — Toujours est-il que ce livre est écrit avec une telle verve, une éloquence si naturelle, que personne ne songerait à en nier la valeur littéraire. Ce modèle des pamphlets a largement contribué à fixer la prose française. — Une autre polémique, plus élevée et moins violente, occupa les dernières années de Pascal. — Avec son ardeur accoutumée, il reprit l'apologie du christianisme contre les sceptiques et les non-croyants et s'occupa de recueillir tous les errements de l'incrédulité raisonneuse, pour les détruire par le raisonnement mis au service de la foi. — Il devait ensuite, avec la déduction inflexible du janséniste et la vigueur d'analyse du géomètre, revêtir sa pensée et ses idées de ce langage inimitable dont la vigueur et l'originalité feront l'admiration du siècle.

La mort le prit au moment où il travaillait à ce gigantesque dessein qui eût peut-être modifié bien des choses et évité de grands maux. — Ses souffrances extrêmes, les austérités de sa vie, jointes au travail de son cerveau et à la dépense de forces résultant des efforts d'une si prodigieuse intelligence, l'enlevèrent à trente-sept ans. — Il fut enterré à Saint-Étienne du Mont, sa paroisse.

Bayle apprécie ainsi Pascal :

« Si tout ce qu'on rapporte est véritable, il faut convenir que M. Pascal était un prodige, et, si je m'osais servir de cette expression, je le nommerais un individu-paradoxe de l'espèce humaine. Il mérite qu'on doute s'il est né de femme ; il le mérite mieux que ce grand philosophe de Sicile que Lucrèce a régalé de cette louange. » (Bayle, *Dictionnaire critique*.)

Le caractère de Pascal, disent ses biographes, était digne de son génie. La nature simple, douce, expansive.

de notre compatriote, sa vivacité, sa persévérance et son opiniâtreté, sa confiance en Dieu, étaient bien des *vertus auvergnates*. — Son âme se peignait dans sa belle figure, et les portraits authentiques de lui qui ont été conservés rendent cette impression.

Tout ce qui se rattache à Pascal, à sa naissance, aux particularités de sa vie, à ses écrits immortels, est empreint d'un tel intérêt que les érudits, les commentateurs et les philosophes trouveront longtemps encore matière à leurs recherches. — Un remarquable savant clermontois, enlevé trop tôt pour les lettres, M. Gonod, professeur au collége et bibliothécaire de la ville, et auquel on doit la première édition des *Grands Jours d'Auvergne* de Fléchier, avait publié en 1847 une intéressante notice intitulée : *Recherches sur la maison où est né Blaise Pascal*. — Un de nos amis et alliés, M. Bellaigue de Bughas, vient de retrouver dans des papiers de famille la copie de l'acte authentique de vente de la maison d'Étienne Pascal, dressé en 1633 par-devant Chazelles, notaire à Clermont. Cette pièce établit ainsi que la maison où naquit Pascal était l'ancien hôtel des comtes de Langeac. Bien qu'ayant subi des transformations et diverses appropriations, cette résidence a encore aujourd'hui, dans sa partie sud-ouest, conservé du caractère avec ses cours intérieures, sa ravissante tourelle octogone et ses croisées gothiques.

Nous avons d'ailleurs conseillé à M. Alexandre Bellaigue de Bughas de publier le résultat de ses intéressantes recherches, d'autant plus que des membres de sa famille, alliés aux descendants de Pascal, ont entre les mains de précieux documents sur notre grand génie.

Le 1er septembre 1876, le Conseil général du Puy-de-Dôme a voté une somme de 3,000 francs pour concourir à l'érection de la statue de Pascal sur une place de Clermont. Voici des extraits du rapport :

« En élevant une statue à Pascal, nous élèverons un monument à cette école de Port-Royal qui fut l'expression la plus pure et la plus haute du génie de notre province. Sur le piédestal de la statue de Pascal nous inscrirons les noms des Périer, des Arnauld et des Domat. Port-Royal fut une colonie des hommes illustres de notre pays. Nos célèbres compatriotes apportèrent sur ce champ de bataille tout ce qu'ils avaient reçu de forces et de génie. Nous n'oublierons pas les femmes de Port-Royal, ces femmes héroïques qui furent les mères, les filles et les sœurs de ces deux grandes familles des Arnauld et des Pascal, les deux dynasties de Port-Royal.

« Au fond de la vallée de Chevreuse, à peu de distance de Versailles, se trouvent les ruines de Port-Royal : c'était là le *désert*, la nouvelle Thébaïde du jansénisme. Là a été le berceau de la poésie de Racine, là a été conçu le beau drame des *Provinciales*, la Satire Ménippée du jansénisme. A côté de la gloire fastueuse de Louis XIV, les pieux solitaires jetaient audacieusement la renommée de leurs vertus.

« Pascal est un de ces rares génies dont la gloire n'a jamais subi de contradiction : toutes les générations se sont inclinées devant lui ; il a eu l'inviolabilité de la gloire. Toutes les grandeurs et les misères de l'homme, il les portait en lui. Il eut toutes les douleurs du génie et ce fonds impérissable de mélancolie qui est devenu la poésie de notre temps.

« Il n'espérait rien du monde et n'en voulait rien. La gloire, il ne l'a pas cherchée : il eût pu suivre la carrière de l'ambition ; il n'eut d'autre ambition que celle de connaître, et, lorsqu'il eut atteint le sommet de la connaissance humaine, à cette hauteur le vertige le saisit, et il passa de la science humaine à la philosophie divine. Une soif immense de Dieu et de la solitude s'empara de lui, et il écrivit ce livre des *Pensées* dont Chateaubriand a pu dire qu'on ne savait si elles étaient d'un homme ou d'un Dieu. L'admiration de Chateaubriand allait jusqu'à l'apothéose. »

Voilà le dernier hommage rendu par les compatriotes de Pascal à leur illustre frère. Nous lui devions bien cela !

3. *Chamfort* (*Nicolas*), né en 1741, mort en 1794, membre de l'Académie française, est né dans un village de la banlieue de Clermont. L'existence de Chamfort, bien que celle d'un simple lettré et d'un écrivain, fut tourmentée, en raison des événements de son époque. Il remportait en 1764 le prix de poésie à l'Académie française. Après ces débuts, il fit représenter plusieurs pièces, *la Jeune Indienne*, *le Marchand de Smyrne*, publia des *Éloges*, un *Dictionnaire des anecdotes dramatiques*, et enfin des *Contes*. Mis en évidence, il devint secrétaire des commandements du prince de Condé; mais son goût pour l'indépendance ne lui permit pas de supporter longtemps cette chaîne, quelque légère qu'elle fût. Il se retira à Auteuil, auprès de Mme Helvétius, et, après la mort de celle-ci, rentra dans le monde, où son esprit et son caractère le firent rechercher de tous. Nommé lecteur de Madame Élisabeth, il composa pour la princesse un commentaire plein de vues fines et profondes sur les fables de La Fontaine. — Ses amitiés avec les premiers hommes de la Révolution, Mirabeau et autres, le forcèrent de se mêler aux affaires du temps. Il fut nommé bibliothécaire de la Bibliothèque nationale par le mi-

nistre Roland, travailla au *Mercure* avec Mallet du Pan, et publia les *Tableaux de la Révolution*. Ses bons mots et ses sarcasmes attirèrent l'attention des héros du jour, et l'ancien royaliste fut emprisonné aux Madelonnettes. Ses amis le firent relâcher, mais le pauvre bibliothécaire, n'ayant pu supporter ces émotions, mourut peu de temps après, en 1794.

4. *Domat* (*Jean*), né en 1635 à Clermont-Ferrand, avocat du Roi au présidial de cette ville, mourut à Paris en 1695. Ce grand jurisconsulte était l'ami de Pascal et de ce qui restait de Port-Royal. Toute la sévérité de ses doctrines religieuses se retrouve dans ses mâles écrits. Son titre à l'immortalité est l'ouvrage intitulé : *Lois civiles dans leur ordre naturel*, 1689. Boileau nommait Domat le restaurateur de la raison dans la jurisprudence romaine.

5. *Thomas* (*Antoine-Léonard*), né à Clermont-Ferrand en 1732, mort en 1785. Littérateur et critique distingué, il est surtout célèbre par ses *Éloges*, qui le conduisirent à l'Académie française. Après l'*Éloge de Marc-Aurèle*, son chef-d'œuvre, il publia des poëmes, des essais. C'était un écrivain de talent et d'une certaine éloquence ; son style, en prose comme en vers, est majestueux, imposant et empreint d'une fausse chaleur. Jamais âme, dit-on, ne fut plus pure et plus noble que celle de Thomas; toutefois, en pratiquant la vertu avec simplicité, ce digne Auvergnat ne put jamais en parler sans emphase.

RANDAN
en Auvergne

# CHAPITRE SIXIÈME

Jugements portés sur la Limagne d'Auvergne en 450, en 1561, en 1789 et en 1792. — Le citoyen Lavallée, ex-noble. — Mœurs des habitants. — La foi religieuse en Auvergne. — Les coutumes de Riom. — Saint-Amable et l'abbaye de Mozat. — Le sanctuaire de Notre-Dame-du-Port, à Clermont. — Caractère du paysan auvergnat.

Que de grands génies, sans compter Pascal et le Chancelier de L'Hospital [1], sortis de chez nous! En vérité, cet enthousiasme pour notre pays natal est fort légitime, et nous avons par devers nous assez de quoi nous enorgueillir. Il serait temps que cette admirable terre d'Auvergne ne fût pas confondue avec la patrie des chaudronniers, des porteurs d'eau et des ramoneurs, et, qu'une bonne fois justice lui fût rendue! Nous sommes peu vantards, il est vrai, bien que touchant au Midi; mais que de choses à dire sur notre merveilleuse contrée, sur la continuité de ses grands hommes, sa richesse unique, la beauté de son sol, le pittoresque de ses sites, ses antiquités de tout genre, ses trésors minéralogiques, ses grands souvenirs d'histoire, ses luttes grandioses sous les Romains, au moyen âge contre les Anglais et pendant les guerres de religion, enfin sur la puissance de ses châteaux et de ses seigneurs, et sur sa vieille fidélité religieuse, monarchique et française !

Combien à conter encore sur ses vingt-deux stations thermales, où viennent s'abreuver tous les oisifs de Navarre et de France ; sur ses cascades, ses lacs, ses torrents glacés où la truite abonde ; ses ravins et ses montagnes que la Suisse pourrait nous envier ; ses blés plus beaux que ceux de la Beauce, ses pâturages plus épais que ceux de Normandie ; ses vins chauds et généreux, versés dans toute la France sous l'étiquette de bourgogne et de bordeaux ; ses fruits savoureux et superbes, transformés, à la saison d'hiver, en délicates confiseries ; ses mines d'argent et de plomb, volcans éteints recouverts de vignes ; enfin sur ses riches villages qui se touchent, où vit tout un peuple de travailleurs solides et de rudes soldats! L'Auvergne est la plus belle province de France, je n'hésite point à le dire, et peut-être une des moins connues!

Ce n'est point d'hier cependant que l'on nous admire et il serait curieux de reproduire les jugements portés depuis plusieurs siècles. En l'an 450, Sidoine Apollinaire disait :

« Je tais la particulière beauté de ce territoire, la mer des champs en laquelle on voit ondoyer les scillons d'une riche moisson d'épis (*mare, segetum*) sans péril de naufrage. Très-délectable aux voyageurs, profitable aux laboureurs, plaisante aux chasseurs; les dos de ses montagnes entourés de paysages; les pantes, de vignobles; les terrains, de paccages; les rochers, de châteaux; le couvert, de boccages; le découvert, de labourages; le creux, de fontaines; les précipices, de fleuves. Bref, ce pays est si fort agréable que les étrangers, charmés du seul abord, y ont souvent oublié les naturels attraits de leur patrie. » (*Traduit par Savaron (de Riom), de la vingt et unième lettre, adressée par Sidoine Apolli-*

*naire à son beau-père, l'Empereur Avitus, natif d'Auvergne.*)

En 1561, un voyageur florentin, Gabriel Simeoni, savant antiquaire, dans un dialogue intitulé : *Description de la Limaigne d'Auvergne*, écrivait ceci :

« La longueur donc de cette province (la Limagne), du pont de la *vieille Brioude* jusques près de la terre de *Ganat*, encore qu'aucuns l'estendent jusques à *Saint-Porcin*, constient environ vingt lieues bien grandes ; et la largeur depuis le pied du mont du *Puy de Dôme* jusques à la terre de *Thiers* ou de *Cropière*, contient neuf lieues. Païs fertilissime et très-abondant de toutes sortes de bleds, de vins, de divers bestail, de prez, de bois, de fontaines, de fleuves, de bains chauds, de lacs, de saffran, de fruicts, de mines d'argent, de palais et familles nobles, de chasteaux, bourgs, forteresses et diverses marchandises. Duquel païs le centre et ville métropolitaine estait le susdit mont de *Gergorye* et maintenant c'est la très noble citté de *Clairmont*. »

Plus tard, en 1788, un voyageur, M. Le Bouvier du Mortier, dans un livre peu connu intitulé : *Coup d'œil sur l'Auvergne, ou Lettre à M. Perron, avocat au Parlement*, débutait ainsi :

« Que j'aime votre Auvergne, mon ami, avec ses vieux volcans éteints, sa superbe Limagne, si fertile, si bien habitée, et ses bons montagnards, un peu brusques entre eux, mais doux et honnêtes envers les étrangers ! Vous voulez savoir ce que j'en pense, le voici en deux mots : De toutes les Provinces du Royaume, il n'en est aucune, selon moi, dont l'organisation physique et morale offre un champ plus vaste de méditation aux observateurs instruits et plus d'objets capables d'exciter leur surprise, leur admiration et leur sensibilité. »

Enfin, nous trouvons dans un livre fort curieux publié, en 1792 (an IV de la République), sous ce titre : *Voyage dans les départements de la France, par le citoyen J. Lavallée, ci-devant marquis de Boisrobert, ancien capitaine au 46e régiment de Champagne*, le tableau suivant de la Limagne, tracé dans le langage emphatique du temps :

« Si jamais parmi les champs fortunés où le soleil épanche sa chaleur reproductive il fût une contrée vraiment le domaine des poëtes, c'est cette Limagne délicieuse tant et trop peu vantée. On est aisément tenté de parler le langage des dieux sur le théâtre de leurs bienfaits. Tout à coup transportés du tumulte de Lyon dans les boccages paisibles et fleuris de l'heureuse Limagne, il semblait qu'un baume consolateur pénétrait dans nos veines........... Il faut réellement avoir vu la Limagne pour en concevoir la beauté; mais c'est un genre de beauté que l'on ne retrouve pas ailleurs. Le paysage n'y ressemble point à celui de la Touraine; ce ne sont point non plus les campagnes uniformes et fertiles du Palatinat ou les pâturages féconds du Calvados. C'est un mélange agréable et confus de tous ces sites réunis. Ce sont des vergers surchargés de fruits, à côté, au centre quelquefois d'un champ couvert d'une moisson superbe; c'est le pampre vigoureux dont les rameaux embrassent l'orme complaisant, qui protége encore de son ombre les mirtes et le seringat dont les buissons se trouvent parfumés; c'est le coteau riant dont le serpolet appelle le bélier; c'est le pré fleuri que le taureau foule d'un pied nerveux. Là, de limpides ruisseaux serpentent embellis des charmes de la solitude; ici, l'Allier, plus grave, promène sur son onde l'opulence du commerce. Souvent le délicieux silence des forêts vous entoure, l'on fait un pas, et le mouvement des cités vous étonne. Suivez-vous dans les couloirs agrestes le sentier que couvre l'aubépine, tout à coup les routes majestueuses se déroulent à vos yeux; vous attendiez une cabane, vous pressentez un palais. Tantôt l'art des jardins vient braver la nature, tantôt la nature plus franche embellit la colline. La vue se promène avec volupté parmi tous ces objets flatteurs; mais qu'elle s'élance dans l'espace, le Puy-de-Dôme est là, et le respect force à baisser les yeux. »

L'Auvergnat est croyant. Les races montagnardes ont la foi vivace; aussi, en dépit de quelques démonstrations officielles d'irréligion faites à propos du Congrès scientifique en 1876, et malgré les bravades isolées du Conseil général, il ne faut pas s'y tromper : notre province est essentiellement religieuse, et c'est de Clermont-Ferrand qu'est partie la première croisade!

Quels que soient leur prestige et leur éloquence, nos apôtres modernes de l'incrédulité ne feront pas oublier Pierre l'Ermite. Le paysan d'Auvergne ne se déshabituera point de sitôt de croire en Dieu; il y a quelques années encore, on le voyait régulièrement assister à la messe avant d'aller au travail. Aux premières lueurs du jour chacun entrait dans la maison du Seigneur; les charrues attelées attendaient sur la place, les bêches et les pioches rangées sous le porche de l'église. Aujourd'hui les libres penseurs ont voulu transformer cela, comme Sganarelle le côté du cœur. Il y a résistance, Dieu merci! Nos paysans sont entêtés!

A Riom, au-dessus du portail de l'église du *Mathuret*, on admire une Vierge fort ancienne, très-remarquable comme sculpture. La chronique rapporte qu'un homme, labourant son champ, vit tout à coup ses bœufs s'arrêter immobiles, refusant d'avancer malgré l'aiguillon : c'était la

Vierge qui les avait cloués au sol ! Un pas de plus, et l'image allait être brisée. Les habitants attachent une grande dévotion à leur Vierge et la vénèrent comme la protectrice du pays.

En 1845, le curé voulut faire paraître la statue dans je ne sais quelle procession et envoya des ouvriers pour la desceller. Un rassemblement formidable se forma devant l'église, il fut déclaré aux maçons que s'ils touchaient à la Vierge, ils allaient être mis en pièces. On eut beau dire que c'était par ordre du curé, et que, la cérémonie terminée, on remettrait la statue dans sa niche. Bon gré, mal gré, il fallut laisser la Vierge, qui occupe toujours sa place, adossée à la grande porte de l'église. Je ne conseillerais pas à messieurs du Conseil général, escortés même de tous les Préfets républicains, de toucher à la Vierge du Mathuret.

Un jeune savant, M. G. d'Orcet, donnait récemment d'intéressants détails sur cette statue, qui n'est rien moins qu'un objet d'art :

« Depuis six siècles, il existe à Riom une école de tailleurs de pierre qui, du XIe siècle au XVIe, a produit des œuvres merveilleuses, dont la plus belle est la Vierge du Mathuret. Ce chef-d'œuvre anonyme et inconnu hors de l'Auvergne dépasse de bien loin les *Luca della Robbia* et les *Donatello*. La Vierge et le Bambino se sourient avec une grâce qui est en même temps pleine d'énergie ; la draperie est traitée avec une ampleur superbe.

« On l'a tant admirée, depuis que la photographie l'a popularisée dans le pays, que le curé du Mathuret partageait toutes les transes de son collègue de *Sauvagnat*, et, de peur qu'on ne lui enlevât sa belle Madone, il l'avait fait encercler d'une espèce de carcan de fer de l'effet le plus disgracieux. On a fini par découvrir que cette svelte figure, pesant au moins un millier de kilogrammes, n'est pas si facile à déplacer, et on l'a débarrassée de ses fers.

« Quant à la Vierge de *Sauvagnat*, dont nous parlions, elle se trouve dans une église de l'ordre de Malte ; c'est une statue en cuivre repoussé de la fin du XIVe siècle. Elle est surtout remarquable par les émaux d'un merveilleux travail qui ornent son trône et représentent saint Pierre et saint Paul. Une longue inscription en lettres onciales indique que c'est un don du prieur Hodo de Montagut. On en a offert 60,000 francs à la paroisse ; de sorte que le pauvre curé a toujours peur qu'on la lui vole, et n'en dort plus. »

La grande fête religieuse de Riom est la procession de la *Saint-Amable*[2] du 9 juin. La châsse du saint est portée par des paysans *brayaux*, vêtus de drap blanc, à l'ancienne mode. Toutes les fenêtres sont garnies de tapisseries, de tentures, les rues jonchées de fleurs ; j'ai rarement vu une foule plus recueillie, plus croyante. Ce n'est point cette religiosité un peu païenne de l'Espagne et de l'Italie, c'est la foi sincère, naïve, réfléchie et consciente.

La châsse est suivie d'une immense roue en fleurs, tournant sur un axe, et portée par les personnes les plus considérables de la ville. L'origine de cette roue est assez c[illegible]use. En 1637, la peste sévissait à Riom d'une manière terrible. Les échevins firent vœu de faire don à l'*Abbaye de Mozat*[3] d'une quantité de cire égale à celle que pourrait amasser de boue une roue qui tournerait depuis Riom jusqu'à l'abbaye. Or, Dieu sait si nos traverses sont boueuses ! La cire fut donnée et la peste cessa. L'*Abbaye de Mozat* était une des plus considérables de France, et les abbés, très-grands seigneurs, avaient force priviléges et faisaient beaucoup de bien parmi les pauvres et les malades [2].

La *Sainte-Chapelle* de Riom, annexée au Palais de Justice, est d'un style élégant et très-pur ; on sait, du reste, que les Saintes-Chapelles étaient des chapelles royales, élevées du temps de saint Louis, et possédant un chapitre comme les cathédrales. Il en existe très-peu en France, cinq ou six, je crois, et toutes sont construites, avec des proportions différentes, sur un modèle identique.

Notre chef-lieu Clermont-Ferrand, bien que le siége présent de la démocratie, est une ville aussi religieuse que Riom. En dehors de sa cathédrale inachevée, mais superbe, la ville possède un sanctuaire célèbre : c'est *Notre-Dame-du-Port*. Au mois de juin 1875, le couronnement de Notre-Dame-du-Port donna lieu à une imposante procession et à des fêtes religieuses qui attirèrent dans la ville plus de cent mille personnes. Le Congrès scientifique et matérialiste qui se tint l'année suivante émut infiniment moins la province et la cité. La plupart de nos villages et de nos villes ont leurs églises, leurs sanctuaires vénérés. Allons! la foi chrétienne n'est pas morte en France, et les arrière-petits-fils de nos arrière-petits-neveux iront encore à la messe!

Voici un passage curieux relatif au caractère et aux mœurs des paysans d'Auvergne en 1792. On remarquera avec quel acharnement l'ex-marquis de Boisrobert parle sans cesse des abus du clergé et des dangers de la superstition catholique. Son ouvrage contient des appréciations piquantes sur la France au début de la Révolution: malgré le style ampoulé de l'époque, il serait excellent à consulter si, à chaque page, ne se trouvait une attaque violente et passionnée contre la religion et la royauté :

« Indépendamment de mes observations pendant mon voyage actuel dans la ci-devant province d'Auvergne, l'étroite amitié dont plusieurs

Auvergnats m'ont honoré depuis ma jeunesse a fixé plus particulièrement mes méditations sur le caractère de ce peuple. — Il n'en est point, par exemple, chez qui l'enfance soit plus indisciplinable; c'est un état de guerre perpétuel que celui des écoliers de Clermont ou de Riom. Sans cesse armés de pierres et de frondes, ils sont toujours prêts à combattre ce qui les gêne ou leur déplaît. Il n'est pas sans exemple de les avoir vus renverser et détruire des ouvrages, des embellissements entrepris par l'administration. Les remontrances, les corrections, rien ne les arrête quand ils veulent fortement, et cette volonté ne les quitte guère. *C'est un esprit de liberté inné chez les Auvergnats.* Il se conserverait pur si les préjugés n'étaient pour ainsi dire en embuscade pour les envelopper de leurs millions de filets et étouffer tous les mouvements qui les portent vers cette liberté. Quand on contemple une semblable enfance, ajoute le philosophe, et que l'on examine ensuite ces mêmes hommes dans un âge mûr, courbés sous le joug de la plus étonnante crédulité, quand on ne peut faire un pas en Auvergne sans rencontrer des saints, des fables, des prêtres et des dévots, c'est bien alors que la philosophie a le droit de pleurer sur le fanatisme. — Jadis, dans l'ile de *Ternate*, la loi qui défendait de parler de religion était tellement rigoureuse que les prêtres mêmes n'osaient prononcer le nom de Dieu. Il n'existait qu'un temple ; l'on n'y voyait ni statues ni autels. Cent prêtres salariés par la nation priaient dans ce temple sans chanter ni parler. Quand le peuple s'y rassemblait, le pontife lui montrait du doigt une pyramide sur laquelle étaient gravés ces mots : « Mortels, adorez Dieu, aimez vos frères et rendez-vous utiles « à la patrie. » O touchante simplicité de culte, que n'êtes-vous partout ! Avec cette tendance vers la liberté qui se prononce dans les enfants du Puy-de-Dôme, avec cette bonté de cœur qui, dans les hommes mûrs, y font la base du caractère, quel peuple ne serait-ce pas pour la République si les opinions religieuses se réduisaient au culte antique de *Ternate !* » (*Voyage dans les départements de France*, 1792.)

Ces théories vides et emphatiques nous ont paru bonnes à reproduire aujourd'hui. Vers le même temps, lui aussi, l'historien clermontois Dulaure[4], dans ses nombreux ouvrages, cherchait à extirper de l'âme de ses compatriotes l'esprit de superstition, en attendant que le doux abbé *Delille*[5] d'Aigueperse[6] composât ses poëmes en l'honneur de la *Tolérance religieuse* et de la *Pitié*.

Quoi qu'il en soit, depuis 1792, le paysan d'Auvergne (il faut bien que les partisans de la République aimable et libre-penseuse en prennent leur parti) n'a point modifié son tempérament : il est demeuré aussi religieux et aussi monarchique qu'au temps où MM. les ci-devant marquis déploraient son endurcissement à l'endroit de la République, et sa facilité à croire en Dieu et aux saints.

# NOTES

## DU CHAPITRE SIXIÈME

1. Si Clermont se glorifie d'avoir vu naître Pascal, nous autres de la banlieue de Riom pouvons inscrire sur le Livre d'or de la France une de ses gloires les plus pures et les plus austères : le chancelier *Michel de L'Hospital*, né à Aigueperse en 1504. Son père, Jean de L'Hospital, était médecin et confident de Charles de Bourbon, qui le fit bailli de Montpensier. Michel fut envoyé à Toulouse pour y étudier le droit ; mais, son père ayant suivi en Italie le connétable, on fit venir l'étudiant à Milan, puis à Padoue, où il resta six années.

Conseiller au Parlement de Paris, il fut nommé surintendant des finances en 1554. Dans cette charge élevée, il commença à travailler à la réforme des abus. Marguerite de France, fille de François Ier, sœur de Henri II, protectrice des lettres et des poëtes, avait pour Michel de L'Hospital, expert en lettres grecques et latines, une grande amitié, si bien que, mariée en 1559 à Philibert-Emmanuel, duc de Savoie, elle voulut l'emmener à la cour de Turin et enlever le surintendant français. C'est alors que Catherine de Médicis et les Guises se réunirent pour conférer à L'Hospital la charge de chancelier. Pendant huit ans, au milieu des intrigues de la cour et des guerres civiles, le vertueux et austère chancelier sut contenir les emportements de chacun et opposer la modération à la violence. Ses harangues, ses édits, resteront immortels.

L'Hospital était parmi les *tolérants*, ce parti intermédiaire, qui se rencontre toujours dans les temps de troubles civils et religieux, et dans lesquels se rangent de préférence les esprits modérés qui s'interposent entre les factions ennemies pour chercher à adoucir ce qu'elles ont de trop rude et à calmer les passions.

Brantôme dit de lui : « C'estoit un autre censeur Caton, celuy-là, et qui savoit très-bien censurer et corriger le monde corrompu. Il en avoit du reste l'apparence, avec sa grande barbe blanche, son visage pasle, sa façon grave, qu'on eust dict, à le voir, que c'estoit un vray portraict de sainct Hierosme ; aussi plusieurs le disoient à la cour. »

Sa franchise finit par déplaire. En 1568, il se retira près d'Étampes, à Vignai, et Catherine de Médicis lui reprit les sceaux. La nouvelle de la Saint-Barthélemy le surprit dans sa retraite sans parvenir à l'effrayer. Comme on lui annonçait l'arrivée des assassins, il commanda qu'on leur ouvrît ; et, quand arriva un message de la cour qui déclarait que le roi lui faisait grâce : « J'ignorois, répondit fièrement le vieux serviteur de France, que j'eusse jamais mérité ni la mort ni le pardon. » Six mois après, Michel de L'Hospital mourait accablé de chagrin et dans un état voisin de la pauvreté. Sa devise : *Impavidum ferient ruinæ*, était belle comme le fut sa vie. Il nous semble que voilà un grand homme qui suffirait seul à illustrer à jamais toute une province. De nos jours, l'homme illustre d'Aigueperse est M. Salneuve, ancien magistrat, sénateur de la gauche républicaine, homme intègre et de mœurs douces. M. Salneuve partage sans doute en politique les idées de modération de son devancier et compatriote L'Hospital. Il lui manque malheureusement l'autorité pour faire prévaloir et le charme pour faire aimer en Auvergne aussi bien qu'en France son gouvernement de la République. Combien, hélas! l'exemple des anciens et l'expérience servent peu! Chacun de suivre les errements du passé! Gageons que l'excellent M. Salneuve, l'exalté républicain de 1877, a complétement oublié la vie et la mort de son aïeul, Jean-Baptiste Salneuve, le libéral commandant des gardes nationales d'Aigueperse, arrêté en 1792 par les jacobins de Riom, et conduit à Paris pour y être plus sûrement guillotiné.

2. Voici ce que M. le conseiller Mandet, l'aimable et savant président du musée de Riom, a écrit sur notre compatriote *saint Amable* : « Amable était originaire de Riom, où il exerça jusqu'à son dernier jour le ministère de curé. Sa vie fut celle d'un apôtre. Après sa mort, l'Église l'inscrivit dans son martyrologe au rang des saints. L'histoire ecclésiastique fait remonter sa naissance en 397, et fixe son décès au 1er novembre 475, la quatrième année de l'épiscopat de Sidoine Apollinaire, sous Childéric, au temps où Évarick, roi des Visigoths, dominait en Auvergne. Grégoire de Tours raconte que le duc Victorius, gouverneur de la province, passant un jour irrespectueusement devant le tombeau d'Amable, vit son cheval s'arrêter soudain, comme s'il eût été changé en statue. Cette immobilité, dont rien n'était capable de vaincre la persistance, glaça le duc d'épouvante. Une voix secrète lui en dit la cause. Aussitôt il descendit, alla s'incliner sur la pierre profanée, fit amende honorable, puis remonta à cheval, et l'animal partit d'un trait. »

3. Le village de *Mozat*, situé aux portes de Riom, restera à jamais célèbre par la grande abbaye de ce nom. L'abbaye a été détruite, et de toutes les splendeurs de Mozat il ne reste que la belle église abbatiale, bâtie pendant le XI^e siècle. C'est un des plus beaux monuments historiques du département du Puy-de-Dôme. On y conserve une châsse merveilleuse, spécimen des émaux de Limoges, qui fut apportée sous Pierre d'Isserpens, abbé de Mozat, en 1250. La fondation de l'abbaye remonte au temps du roi Thierry, mort en 534. Elle fut souvent pillée et ravagée par les Sarrasins, les Normands, et plus tard par les huguenots. Le roi Pépin y transféra en grande pompe, avec toute sa cour, le corps de saint Austremoine, qui reposait à Volvic, dans le monastère de Saint-Priest. En 1095, le monastère fut placé sous la dépendance de l'abbaye de Cluny, et conserva toujours le titre d'abbaye royale. Le monastère, bâti en forteresse et solidement fortifié, eut à subir plus d'une attaque. La puissance des abbés de Mozat fut célèbre au moyen âge. Trente-huit églises, seize chapelles et quatorze châteaux relevaient de l'abbaye. Les guerres de la Ligue furent funestes à Mozat, qui avait choisi, comme Riom, le saint drapeau de l'*Union*. Les murailles et la forteresse furent rasées en 1594. En 1793, l'abbaye, qui, depuis deux siècles, avait singulièrement diminué en puissance, en autorité et en moralité, n'avait plus que 17,000 livres de revenus. Elle fut rasée en 1793, et l'église abbatiale devint la paroisse de la petite commune. Un Riomois, M. H. Gomot, écrivain et érudit d'une grande valeur, a publié une très-intéressante monographie de l'abbaye de Mozat.

4. *Jacques-Antoine Dulaure*, historien, archéologue, pamphlétaire et homme politique, né à Clermont en

1755, mourut en 1835. Peu d'existences furent aussi agitées et aussi curieuses que celle du célèbre conventionnel auvergnat. « Ses défauts furent ceux de son époque ; ses qualités furent à lui », a-t-on dit justement en parlant de l'auteur de la *Description de la France en* 1788 et de l'*Histoire civile, physique et morale de Paris*. S'il fut régicide, dans cet acte sanglant de foi républicaine, il obéit ingénument, dit-on, à ce qu'il croyait être un devoir patriotique, une nécessité. Girondin, ou du moins ami de la Gironde, il fut traqué, dénoncé comme journaliste indépendant par les Jacobins. Déclaré suspect, proscrit, il se réfugia en Suisse. Le 9 thermidor le ramena à la Convention, et plus tard aux Cinq-Cents.

Un de nos savants compatriotes, M. Marcellin Boudet, président du tribunal de Thiers, sous ce titre : *Les Conventionnels auvergnats*, vient de publier un volume fort important sur Dulaure, volume plein de faits et de documents précieux pour l'histoire de notre province, Voici, en quelques mots, son jugement sur ce conventionnel :

« Fanatique la plume à la main, débonnaire dans ses actes, plein de préjugés contre ce qu'il appelait les préjugés, il n'a de force que pour la négation, comme les philosophes de son école. Archéologue distingué, homme de lettres d'une fécondité extraordinaire, il a produit près de cent volumes, sans compter les brochures, les cartes de géographie, les dissertations détachées et sa collaboration à de nombreuses publications. Il a trop écrit et trop au jour le jour. Ses cent volumes, réduits à dix, lui eussent assuré à tous les points de vue une meilleure place parmi les écrivains. Il est incontestable qu'il a donné une vive impulsion aux études historiques et qu'il a contribué à nationaliser l'histoire, dont il a enrichi les pages d'une copieuse moisson de faits. Cette justice rendue, on ne saurait nier que le parti pris a gâté son œuvre et qu'elle manque d'élévation. On ne chasse pas impunément Dieu de l'histoire! Il a trop vu les hommes par leur petit côté, et n'a pas compris qu'à tout prendre les événements, liés l'un à l'autre par une filiation logique, obéissent à des lois supérieures. Homme public, il a représenté avec le plus complet désintéressement ce qu'on appellerait aujourd'hui le centre gauche ou la gauche modérée. »

5. ***Jacques Delille***, né à Aigueperse en 1738, mort en 1813, fut, depuis Michel de L'Hôspital et la grande famille des Marillac, qui a fourni des cardinaux et des maréchaux de France, la dernière illustration de sa petite ville. Le doux poëte, si oublié, si dédaigné aujourd'hui, eut de son temps une célébrité, une vogue incroyables. La traduction des *Géorgiques* lui valut les suffrages de Voltaire, une chaire de poésie latine et un fauteuil à l'Académie, en 1774. C'était alors le favori de la cour, des salons, et le poëte à la mode. Arrêté pendant la Terreur, puis exilé, il reprit sous le Consulat et sous l'Empire le cours de ses succès. Delille peut être considéré comme le premier de nos poëtes descriptifs. Sans couleur originale, sans idées bien neuves, il porta l'art de la versification jusqu'à ses dernières limites et atteignit une sorte de perfection. *Les Jardins, l'Homme des champs, la Pitié, l'Imagination*, furent ses œuvres les plus importantes. — Quelques personnes font naître Delille à Chanonat, près Clermont-Ferrand. Rien de moins sûr.

6. ***Aigueperse***, à deux lieues de Riom, à une lieue de Saulnat (2,300 habitants), ville fort ancienne, capitale du

duché de Montpensier, occupait le cinquième rang parmi les treize bonnes villes des États provinciaux d'Auvergne. La relation du voyage de Charles IX, en 1566, la qualifie « la longue et belle ville ». Aigueperse, en effet, se compose d'une interminable rue. Ses églises sont curieuses et ses couvents nombreux. *L'église Notre-Dame du Sépulcre, le Chapitre collégial, la Sainte-Chapelle*, sont à visiter. A *Notre-Dame*, qui renferme deux tableaux de Mantegna et de Ghirlandajo, on remarque une *Passion*, sculptée sur bois, du XV^e^ siècle. A ce sujet, voici une observation, qui tendrait à prouver que le type original de chaque province demeure, en se transmettant, inaltérablement le même : un des personnages de cette *Passion* ressemble d'une façon frappante à M. Rouher. Or, cette œuvre naïve est sortie des mains d'un artiste auvergnat du temps, qui a naïvement copié son voisin le bourgeois constamment sous ses yeux. Aigueperse a beaucoup souffert des guerres de religion, et la malheureuse ville, placée sur le passage des troupes, a été maintes fois envahie et rançonnée. Les rois Louis XI, Charles VIII et Charles IX y firent des séjours. — Nous aurons tout dit sur Aigueperse moderne après avoir parlé de ses délicieux bonbons les *pralines Salneuve*. Force est d'avouer que les produits exquis du confiseur sont infiniment plus appréciés et plus célèbres en France que les mérites de son cousin l'homme d'État, le *sénateur Salneuve*.

En sortant de la ville, on aperçoit une vieille habitation élevée d'un étage, dont le milieu est orné de trois fenêtres en ogives s'appuyant sur deux colonnes à chapiteaux. La tradition affirme que c'est la maison où naquit le chancelier de L'Hospital. *O reverenda domus!*

Segrault en Auvergne

# CHAPITRE SEPTIÈME

Les bénédictins de Cellule. — L'église de mon village. — Les communautés religieuses en 1876. — Départ de Saulnat et de l'Auvergne. — Les voyages en 1836. — Château de Pagnant, d'Effiat et de Denone. — Effiat et son collége. — Le maréchal d'Effiat et son fils Cinq-Mars. — Splendeurs d'Effiat. — Les visites royales.

Le village de Saulnat et son château font partie de la commune et de la paroisse de Cellule. En 1285, existait à Cellule [1] un prieuré de bénédictins.

Notre monastère, alors en pleine prospérité, dépendait de la célèbre abbaye de Menat, destinée pendant de longs siècles à faire rayonner autour d'elle les bienfaits de l'agriculture, de la civilisation, de la piété.

Ces moines, premiers bienfaiteurs du pays, ont laissé des traces de leur long séjour. Au milieu des vicissitudes, des tourmentes, des guerres et des révolutions, nous retrouvons l'habitant de Cellule fermement attaché à sa foi. Les bénédictins ont disparu, mais notre lieu de naissance était prédestiné, paraît-il, à devenir le siége de grands établissements religieux. Il y a vingt ans, en 1856, une importante fondation fut faite par des dames pieuses originaires de Riom et de Cellule. De vastes terres furent attribuées à la congrégation des Pères du Saint-Esprit, société qui date de 1702, et dont le but est de former les vocations ecclésiastiques des écoliers pauvres destinés plus tard à évangéliser les colonies. Aujourd'hui la communauté compte quarante membres et a plus de deux cents pensionnaires divisés en Orphelinat, en Noviciat et Petit Séminaire. Les Pères de Cellule sont fort aimés dans le pays et y font grand bien; leurs terres sont cultivées avec soin et intelligence, et les paysans prennent assez volontiers auprès des Pères des leçons de morale, de charité et d'agriculture.

La vieille église où tous les miens furent baptisés faisait partie de l'ancien prieuré des bénédictins, et il me semble voir encore le bon curé Pireyre, qui administra pendant vingt ans la paroisse. — En sortant du village, on trouve, à droite, le champ de repos, l'asile où dorment du dernier sommeil nos proches les plus chers. C'est dans ce petit coin de terre d'Auvergne que, moi aussi, je souhaite aller dormir, si les hasards de la vie me font, selon mon gré, revenir au gîte et mourir en paix non loin de l'endroit où je suis né.

La petite église de Cellule, bâtie au XI^e siècle, est bien pauvre à côté des intéressants monuments religieux du voisinage, cités tous par Grégoire de Tours[2] : *Aubiat*, siége de la très-vieille famille des marquis de Bonnevie; *Ennezat*, *Artonne*, *Saint-Bonnet*, *Combronde*, célèbre par l'ancien château des Cappony et le manoir féodal de *Jozerand*, si admirablement restauré par le comte Amédée de Chabrol.

L'automne venu, Saulnat devenait silencieux. Mes aînés rentraient à Paris, remisés les uns au collége Rollin, les autres à l'École de droit. C'est alors que nous revenions en Bourbonnais, ma mère et moi. Bien que ces voyages soient déjà loin de nous et que plus de trente ans nous séparent de cette époque, les moindres détails sont restés gravés dans ma mémoire. Nous partions de Saulnat de bonne heure pour aller coucher tantôt à *Pagnant,* domaine originaire et patrimonial des Forget, entre Maringues[3] et Randan[4], tantôt à *Effiat* ou à *Denone,* étapes de famille. Les voies, en ce temps-là, étaient à peine carrossables et les communications fort difficiles. En dehors de la route royale, les chemins, il y a trente ans encore, étaient impraticables aux voitures à quatre roues suspendues sur essieux. Tous, les plus humbles comme les plus fiers étaient égaux devant l'infernale *patache.* Quiconque ne consentait pas à monter à cheval devait, bon gré, mal gré, pour entreprendre le plus petit trajet, se faire voiturer en patache. Ce véhicule, simple charrette non suspendue, recouvert d'une capote plus ou moins luxueuse, était attelé d'un cheval, quelquefois de deux, l'un dans le brancard, l'autre en porteur. Je ne puis me souvenir sans frémir de ce mode de locomotion. On y était moulu, cahoté, secoué ainsi que dans un panier à salade.

La terre et le château d'*Effiat*, à 2 kilomètres d'Aigueperse, devenus en 1724, par suite de retrait féodal, la propriété de mon trisaïeul[5], le comte de Sampigny d'Issoncourt (1671-1737), après son départ de Lorraine, étaient encore, dans mon enfance, entre les mains de la famille. Leur propriétaire, par suite de mariage avec une demoiselle de Sampigny, était alors le marquis de Piré.

Cette superbe résidence, érigée en marquisat pour Antoine Coëffier-Ruzé, ambassadeur, maréchal de France et gouverneur du Bourbonnais sous Louis XIII, était intacte à l'époque dont je parle et dans toute sa splendeur. Je me souviens toujours de ces salles magnifiques, revêtues de tapisseries de haute lice, de ces boiseries, de ces meubles splendides, de ces cheminées monumentales, et surtout du lit immense dans lequel ma mère me faisait coucher auprès d'elle.

Ce qui reste debout, la porte monumentale, la grille d'entrée, le corps de logis et la grande avenue, attestera longtemps la magnificence du vieux château. Les deux ailes ont été détruites. Auprès de la cour d'honneur, on a respecté les bâtiments du collége militaire d'Effiat, fondé en 1627 par le maréchal d'Effiat, père de Cinq-Mars. Ce collége était dirigé par des prêtres de l'Oratoire, et douze gentilshommes, choisis de préférence dans la province, y étaient élevés aux dépens du maréchal. Louis XIV reconnut l'utilité de cette fondation, qui subsista jusqu'à la Révolution.

C'est là que furent élevés mon grand-père et ses frères; c'est du collége d'Effiat qu'est sorti le général Desaix. Le général (*des Aix*), de famille noble, était né à Saint-Hilaire-d'Ayat, près de Riom. Il commença par être aide de camp du général Victor de Broglie avant d'accompagner Bonaparte en Égypte. Ce héros n'avait pas trente-deux ans lorsqu'il fut tué à Marengo, en 1800.

A propos d'Effiat, berceau de notre famille en Auvergne, voici ce que m'écrivait un de mes jeunes cousins, le vicomte Albert de Rubelles :

« Le château d'Effiat, construit en partie par le maréchal d'Effiat et continué par son fils, n'a jamais été achevé. Il n'y a eu de terminé que le corps de logis; les pavillons, aujourd'hui détruits, avaient leurs colonnades peintes au lieu de les avoir en pierre de Volvic, comme la façade du milieu. Les ouvriers travaillaient encore au château à l'époque des *Grands Jours d'Auvergne*. Fléchier rapporte une visite qu'il a faite à la maison de campagne des d'Effiat, et s'extasie sur les eaux, qui sont effectivement fort belles. Elles ont été amenées du village de Chaptuzat, distant de quatre à cinq kilomètres. Le marquisat d'Effiat s'étendait sur Denone, Bussière, Olhat et une partie de la paroisse de Vozelles en Bourbonnais. Le dernier possesseur, de notre nom, de la terre d'Effiat, a été notre arrière-grand-oncle, Dominique-Louis de Sampigny, ancien officier à l'armée de Condé, chevalier de Saint-Louis. Sa fille, Sidonie de Sampigny, épousa, à la fin de la Restauration, le marquis Ernest de Rosnyvinen de Piré. Ils eurent une fille unique, Gabrielle, qui, en premières noces, épousa son oncle Hippolyte de Rosnyvinen de Piré; en secondes noces, elle est devenue la femme d'un autre Breton, M. Louis de France. Elle habite la Bretagne avec sa nombreuse famille. L'aînée de ses filles a épousé un

Normand, M. de Larturière, et la seconde M. Gaston de Villèle. C'est Mme de Piré qui a vendu, en 1847, à un paysan appelé Boucard, la terre d'Effiat. Le susdit paysan la recéda en 1858 à une bande noire. — Le lit du maréchal et toutes les tentures de sa chambre, ainsi que celles d'une autre pièce appelée *chambre de l'Évêque* ou *de Cinq-Mars,* sont actuellement au musée de Cluny.

« D'après ce que m'a bien des fois raconté ma grand-mère, notre ancêtre, Ignace de Réhez, premier comte de Sampigny d'Issoncourt, garde des sceaux de Lorraine, ambassadeur du duc Léopold à Paris, vint se réfugier en France, poursuivi par le prince de Vaudemont pour cause de galanterie avec la princesse. Il avait rapporté le portrait de cette dernière, représentée en Madeleine repentie. J'ai vu le tableau bien des fois, comme vous avez dû le voir vous-même, dans la chambre Verte ou chambre de l'Évêque. Je ne sais le sort qu'il a eu au moment de la vente du château et de la dispersion du mobilier.

« Effiat eut deux fois l'honneur d'une visite de

sang royal. En 1783, Mesdames de France, sœurs de Louis XVI, vinrent de Vichy passer trois jours à Effiat, dont les seigneurs étaient à ce moment François-Charles, comte de Sampigny d'Issoncourt, et sa femme, Louise-Éléonore de Saint-Belin, famille de Lorraine appartenant aux grands-chevaux de cette province. Ledit Sampigny était votre arrière-grand-oncle et à moi mon trisaïeul. Il était chevalier de Saint-Louis, ancien capitaine au Royal-Marine, comme le fut votre grand-père, et maistre de camp de cavalerie. Enfin, en 1815, Madame la duchesse d'Angoulême séjourna deux jours à Effiat, où elle fut reçue par notre grand-oncle Louis.

« Le maréchal d'Effiat avait fait construire et dota un hôpital qui existe toujours, et dans lequel se célèbre annuellement un service solennel pour le repos de son âme. Effiat possédait encore, grâce à lui, une école militaire, dirigée par les Oratoriens. A la Restauration, le gouvernement voulut remonter l'école, le maître d'Effiat s'y opposa tellement que le projet tomba dans l'eau. Les élèves, en effet, avaient le droit de se promener dans le parc, privilége fort gênant pour les châtelains. Les bâtiments de l'école furent alors vendus, et la partie principale achetée par M. Geminet d'Aigueperse, dont les descendants habitent encore Effiat. L'église fut brûlée en partie par le tonnerre au siècle dernier, et reconstruite des deniers de notre grand-père de Sampigny et du marquis de Veyny d'Arbouze de Villemont, brigadier des armées du Roi, seigneur de Villemont, baron de Gannat. Elle contient deux caveaux : l'un renfermait les corps des seigneurs d'Effiat, l'autre ceux des Oratoriens. Pendant la Révolution[6] on viola la sépulture des seigneurs; la seconde est restée intacte : peut-être fut-elle épargnée grâce au dernier Supérieur de l'école, un des promoteurs en Auvergne du culte constitutionnel et assermenté, le P. *Périer*[7], oncle, m'a-t-on dit, des Casimir Périer de nos jours. L'église d'Effiat possède encore la plaque funéraire du maréchal, où se lisent toutes ses charges et qualités, plus un Christ en croix, superbe peinture attribuée à Le Brun : Le Brun avait travaillé au château d'Effiat. Vous n'avez pas oublié la galerie où se déroulait toute l'histoire légendaire de Roland le Furieux. Pauvre château d'Effiat! Notre belle demeure seigneuriale, décapitée comme le fut jadis son maître l'infortuné Cinq-Mars, appartient à une famille très-honorable de Clermont, MM. de Moroges. Les salles sont démeublées; les murs du parc rasés; les arbres de l'esplanade abattus ainsi que les belles allées séculaires. Quelques paysans du village sont devenus propriétaires d'un lot du parc, et, sans être bien vieux l'un et l'autre, nous avons assisté aux tristes transformations du domaine d'Effiat. »

Le plus souvent ma mère couchait auprès d'Effiat, au petit castel de *Denone*, ancienne propriété de la maison de Marillac, habité alors par notre vieux parent le comte Ignace de Sampigny. Sa gaieté et sa bonne humeur égalaient presque celles du chevalier de Forget; comme lui, il avait conservé jusqu'à ses derniers jours une excellente santé et une vivacité de jeune homme. Aucun de nous n'a oublié la plantureuse hospitalité, le bon accueil de ce jovial ancêtre. Sa sœur était Mme de Sarrazin. Sa fille aînée avait été mariée, au commencement de la Restauration, à M. Pierre Andrieu, fils du député, ancien officier, et lui-même maire d'Aigueperse. Sa seconde fille épousa le comte de Gellenoncourt, de Nancy. *Denone* appartient aujourd'hui au petit-fils du comte Ignace, à Ernest de Sampigny. Ce dernier a gardé toutes les bonnes traditions de famille, et n'a pas hésité en 1870 à quitter volontairement femme et enfants pour s'engager et faire son devoir de soldat. Il est le gendre du marquis de Longueil, propriétaire du château de Saint-Quintin, près d'Ébreuil, ce vieux châtel si original, dont les murs sont baignés par les eaux de la Sioule.

# NOTES

## DU CHAPITRE SEPTIÈME

1. Chabrol, dans ses *Coutumes*, parlant de *Cellule*, qu'il nomme indifféremment *Seleule*, dit ceci : « Cette paroisse, située à une lieue de Riom, dans la justice des Vaux et Limaignes, appartenait anciennement aux comtes d'Auvergne, si c'est le même lieu dont Guy II disposa en 1209, sous la dénomination de *Celere*. Il y a un prieuré qui dépend de l'abbaye de Menat : c'était autrefois un monastère de l'ordre de Saint-Benoît, d'où le lieu a tiré son nom *Cellule*. Selon les coutumes de Seleule, Saint-Myon et Davayat, ajoute Chabrol, le mari survivant à la femme, y aye enfans ou non, gagne la moitié de la dot à lui constituée par ladite femme, soit en blé ou argent, ensemble le lit, robes et joyaux, et est tenu la faire ensevelir ; et si ladite femme survit, elle gagne sur les biens de sondit mari la moitié de la valeur de sadite dot et recouvre sesdits lit, robes et joyaux, et aussi une guirlande ou chappel d'argent de la valeur du lit nuptial. » *Prohet* a pensé que le *chapel* dont il y est parlé était un ornement de tête ; on pourrait l'induire de ce que la *Coutume* dit guirlande ou chapel, et la guirlande est en effet un ornement de tête. Néanmoins ce peut être aussi un chapelet ; mais on prétend que le mot de chapelet dérive de la ressemblance avec le chapel de roses.

En effet, il est synonyme avec rosaire, et en italien un chapelet se dit *corona*. Quoi qu'il en soit, il n'en résulte que la même conséquence pour les veuves de Seleule, et il suffit de savoir que ce gain, en quoi qu'il ait consisté originairement, doit être estimé comme le lit nuptial.

2. *Grégoire de Tours* (539-593). Encore un Auvergnat célèbre et dont le nom est cher à tous les lettrés. Élevé par son oncle, saint Gall, évêque de Clermont, il passa une partie de sa jeunesse à Lyon. Élu évêque de Tours, en 573, médiateur courageux et souvent écouté dans les querelles sanglantes, dans les différends qui éclataient entre les rois francs, il fut, en même temps que puissant évêque, politique habile, diplomate et écrivain. Ses nombreux écrits religieux, ses recueils de légendes et surtout ses chroniques et ses mémoires sont restés comme le monument le plus précieux pour l'histoire de l'époque mérovingienne. Ses peintures sont naïves et charmantes; les événements, l'état des esprits, les mœurs farouches de ces temps troublés, mais non sans grandeur, sont décrits par le saint évêque avec une grande vérité. Tout cela est un peu primitif, barbare, heurté, comme ses héros et ses contemporains, les Chilpéric, les Frédégonde et les Childebert, mais plein de vie.

Le rôle important de Grégoire de Tours dans les Gaules atteste l'influence salutaire de l'Église sur les mœurs peu civilisées. « Cette ingérence du clergé dans les affaires du siècle était heureuse, car il y avait plus de lumière, d'impartialité et de douceur dans ses tribunaux que dans ceux des barbares. Il était alors à l'avant-garde de la société, et les quatre-vingt-trois conciles tenus en Gaule du VIe au VIIIe siècle n'attestent pas seulement son activité pratique et la ferveur de son zèle, mais aussi ses constants efforts pour rendre les mœurs meilleures, et mettre dans l'organisation sociale plus de justice et moins d'inégalité. » Qui a écrit ces lignes? Un historien catholique? Non certes; mais un homme sincère, impartial, intelligent, M. Victor Duruy.

3. *Maringues* est une intéressante petite ville, chef-lieu de canton (4,000 habitants). — J'en connais peu d'aussi pittoresques avec ses tanneries, ses fabriques de couvertures, ses ateliers. C'était jadis le boulevard des Huguenots; ses vieilles maisons, ses couvents, ses ponts, ses faubourgs, lui donnent un caractère particulier. Elle est pleine des souvenirs de la Ligue; c'était la patrie du capitaine royaliste Chappes, si célèbre par ses exploits.

A propos de Maringues, je ne puis laisser passer le nom de M. de Benoist, cet homme de bien, maire de Maringues en 1789. Imaginez-vous une plus admirable définition de la noblesse que celle donnée par l'obscur maire de cette humble ville d'Auvergne au moment de la rédaction des cahiers?

« La noblesse n'est que l'obligation d'être vaillant, magnanime, généreux, et non pas le privilége de charger le peuple du fardeau d'une existence intempérante... Les distinctions, les honneurs, sont des avances faites par la patrie au noble sur la foi de ses aïeux, jusqu'à ce qu'il s'acquitte de ce qu'elle attend de lui et de ce qu'il lui doit. »

C'est près de Maringues que se trouve la propriété de Pagnant, terre patrimoniale des Forget. Mon oncle, le chevalier de Forget était seigneur de Pagnant en 1789. Elle est située dans cette partie de la Limagne, très-fertile, mais un peu humide, qu'on appelle le *Marais*. C'est une habitation moderne rebâtie sous le premier Empire; une grande et spacieuse esplanade, plantée d'arbres, la relie à la route de Maringues. Pagnant dépend de la petite commune de Saint-André, laquelle faisait autrefois partie de l'ancienne seigneurie de Montgascon, dont la colline à pans coupés domine tout le pays d'alentour.

4. *Randan* est un chef-lieu de canton de 1,800 habitants. — La terre et le château de Randan ont appartenu dès 1240 à Hugues de Randan, chef de cette nombreuse et illustre famille qui se perpétua dans les La Rochefoucauld, les Polignac, les Durfort, les Lauzun, jusqu'au duc de Praslin, le dernier seigneur en 1789. En 1819, la comtesse de Grollier, née de Choiseul-Praslin, vendit le lot qui lui était échu par partage au comte de Lavalette, qui le destinait à son gendre le baron de Forget; le second lot, celui du duc de Choiseul, fut acheté par M^me^ Adélaïde d'Orléans, qui devint, en 1826, propriétaire du lot de M. de Lavalette. Ainsi fut reconstituée cette magnifique terre, qui depuis n'a cessé d'appartenir à la famille d'Orléans. Le propriétaire est aujourd'hui M^gr^ le duc de Montpensier. La forêt de Randan, admirablement aménagée, donne une grande valeur à ce beau domaine. Le château a été rebâti presque entièrement par M^me^ Adélaïde. Du parc et des terrasses se découvre toute la Limagne et la chaîne entière des montagnes d'Auvergne.

Non loin de Maringues et de Randan, le petit castel de *Champrobert*. Ce nom nous rappelle un souvenir non point d'enfance, mais de jeunesse, que j'aime à reconstituer. Ceci se passait en 1860, à Turin, à la légation de France, après Castelfidardo et Ancône. En qualité de secrétaire de notre légation, j'avais été chargé de recevoir nos jeunes compatriotes prisonniers, ces héros qui avaient le singulier privilége de faire rougir leurs vainqueurs piémontais. Quelle surprise de reconnaitre parmi nos zouaves un Auvergnat, le brave P. de Champrobert! Dans quel état, hélas! se trouvaient ces pauvres soldats gentilshommes! — Dix ans plus tard, Champrobert se battait encore; cette fois, ce n'était plus pour le Pape, c'était pour la France. A la tête des mobiles de l'arrondissement de Riom, il fut grièvement blessé à Montbeilard, au mois de janvier 1871. Par les temps qui courent, ces deux souvenirs sont bons à rappeler; ils permettent de relever la tête.

Au château *de la Canière*, non loin d'Aigueperse, encore un ami dont on n'a point à rougir! Ces diables d'Auvergnats portent tous en eux un je ne sais quoi d'indépendant et de fier qui s'accommode mal avec les compromis et les platitudes. Étienne de Chazelles, fils de l'ancien maire de Clermont, le prouve. Nommé préfet au 24 mai 1873, il quitta son poste de la façon la plus digne et la plus loyale en 1876, sous le ministre Ricard, refusant respectueusement de suivre le Maréchal dans ses tentatives et essais républicains. Je me trouvai par hasard chez M. le duc de Broglie, le matin où parut dans les feuilles la lettre si nette par laquelle le préfet du Cantal adressait sa démission. M. de Broglie déplorait cet acte; moi, au contraire, d'approuver vivement mon ancien collègue pour sa franchise. « Certes, j'en conviens, disais-je à l'ancien ministre, il ne nous est pas permis de sonder ou d'approfondir la conduite et les grands desseins du Maréchal; mais n'est-il pas naturel et ne trouvez-vous pas juste qu'un préfet nommé le 24 mai ait quelque scrupule aujourd'hui de servir d'instrument politique aux de Marcère et aux Jules Simon? Chacun comprend sa dignité à sa guise. Vous m'avez sacrifié, il y a trois ans, malgré vous, voulez-vous bien dire, monsieur le duc, sur l'autel redouté du Centre gauche. Le préfet d'Alger, éloigné par ordre de votre collègue le gouverneur Chanzy, a été le *premier* des préfets du 24 mai sacrifié pour raison d'État! Depuis, le pauvre Maréchal, hélas! a immolé bien d'autres amis! Eh bien! vous l'avouerai-je? j'ai un regret aujourd'hui : c'est de ne pas être préfet, afin de pouvoir imiter notre ami Étienne de Chazelles! »

5. Notre chef modeste fut *Nicolas de Rehez*, écuyer et colonel de cavalerie par brevet de 1559. Un de ses fils, Jean de Réhez, écuyer assesseur au bailliage de Saint-Mihiel, fut reconnu comme noble d'extraction et autorisé à continuer de porter les armes de ses ancêtres par lettres patentes de 1661, signées de Charles, duc de Lorraine, et par lettres patentes de Louis XIV du 2 janvier 1682. — Ce fut son fils, Louis-Ignace de Réhez, seigneur d'Issoncourt et de Sampigny, secrétaire d'État, conseiller au parlement de Metz, conseiller d'État du duc de Lorraine, qui reçut le titre de comte donné à tous ses descendants nés et à naître, mâles et femelles (13 juillet 1712). Naturalisé Français par lettres patentes de 1723, avec tous les titres et priviléges, il obtint du duc d'Orléans, par retrait féodal, le marquisat d'Effiat. Il s'était marié à Claire Oryot d'Aspremont de Jubainville. De ses quatre fils, Gabriel-François et Charles eurent seuls une postérité. L'un, le cadet, s'établit en Vivarais; l'autre, l'aîné, Gabriel-François, demeura en Auvergne. Né en 1697, ce dernier servit d'abord en Autriche, puis devint capitaine au régiment de *Mouchy-Cavalerie*. Marié à Riom à Antoinette de Vernaison, qui lui donna quatre fils, dont le *second* fut mon grand-père, Ignace-

Hyacinthe; le *premier*, François-Charles, seigneur d'Effiat; le *troisième*, Victor, lieutenant général de la sénéchaussée de Riom; le *quatrième*, capitaine de dragons; ces deux derniers non mariés; enfin une fille, Jeanne-Antoinette, mariée en 1750 à Ferrand de Fontorte.

6. Pour bien connaître l'histoire de notre Auvergne pendant la Révolution, je ne sais pas de guide meilleur, plus sûr et plus impartial que M. Boudet de Montgascon. Sous ce titre : *les Tribunaux criminels et la justice révolutionnaire en Auvergne, d'après les minutes des greffes et des documents inédits (les Exécutés)*, M. Marcellin Boudet a publié à Riom, en 1873, un excellent livre, qui restera. Il serait fort à souhaiter que dans chacun de nos départements, dans chacune de nos provinces, se rencontrât un lettré, un érudit tel que M. Marcellin Boudet, ayant la patience de compulser les vieux dossiers des greffes, pour dresser sur les documents inédits et irréfutables la liste des victimes de la Révolution. L'intéressant travail entrepris par le président du tribunal de Thiers est limité à nos deux départements d'Auvergne (Puy-de-Dôme et Cantal). Pareille étude devrait s'étendre au territoire français tout entier. Nous sommes persuadé que nos ministres de la justice et de l'instruction publique, et leur collègue le ministre de l'intérieur en particulier, n'hésiteraient pas à patronner une telle œuvre. Gardiens fidèles de cette constitution républicaine qui doit à jamais, assure-t-on, régir notre pays, ne savent-ils point mieux que tous autres que le danger le plus imminent que courent les institutions républicaines réside précisément dans la doctrine révolutionnaire développée et si bien mise en pratique par les ancêtres de la Commune, les jacobins de 1792?

Nous avons rarement eu entre les mains un livre sur la Terreur plus curieux, plus nourri et mieux fait que l'ouvrage de M. Marcellin Boudet. L'introduction contient certains passages qui nous ont particulièrement frappé. « Si du moins, dit le magistrat, ces grandes illégalités qu'on appelle les révolutions étaient utiles au progrès, elles auraient une face par où elles pourraient être envisagées sans regrets. Hélas! nous savons que la liberté, au nom de qui elles sont préparées, comme les réformes économiques, en vue desquelles elles sont accomplies, n'ont pas d'ennemis plus dangereux : car de toutes les institutions libérales ou économiques dont la conquête leur sert de prétexte, il n'en est aucune, — de celles dont la réalisation est possible, — non, aucune qui n'aurait été solidement établie par quelques années de patience et de paix. »

« Mais on ne transforme pas une société à coups de décrets, encore moins à coups de couteau. Ce n'est pas la force brutale qui a provoqué l'Assemblée des notables de 1787 et dicté les cahiers de 1789! Dans les temps modernes, la meilleure des institutions n'est durable qu'à la condition de ne pas devancer les mœurs, de mûrir progressivement, de venir en son temps, à son heure, du libre consentement du plus grand nombre, et surtout à la condition de ne *pas froisser les consciences*. »

« La théorie révolutionnaire des transformations sociales par la violence, ce système qui éternise les représailles et qui devrait se nommer le régime de la dépravation insurrectionnelle, n'est donc qu'un sinistre mensonge : car de tous les moyens il est, après tout, le plus lent, sans compter qu'il est criminel. En vérité, la Révolution est peut-être encore moins odieuse parce qu'elle est l'injustice que parce qu'elle est *l'injustice inutile*. Je ne sais quel plagiaire moderne des utopistes de l'an II a dit, pour vaincre l'horreur qu'inspirent à notre génération les brutalités révolutionnaires, qu'il n'était pas une liberté qui n'ait été nécessairement conquise dans le sang. Combien serait-il plus juste de dire qu'il n'y a pas de liberté dont l'avénement n'ait été retardé par l'effusion du sang humain! »

Ces vérités, si remarquablement exprimées, sont saisissantes, et nous sommes fier de nous trouver, sur ce point, en intime communauté de sentiments avec notre compatriote. Les sources auxquelles a puisé l'auteur pour dresser la nomenclature des victimes sont des plus authentiques; cependant que de noms, oubliés dans ce martyrologe, lui ont été révélés depuis la publication de son livre! « Le temps est certainement venu de faire ce Dictionnaire des suppliciés, dit M. Boudet; chaque jour, en effet, disperse les documents et voit aussi disparaître les vieillards, quasi-centenaires, qui peuvent les compléter par les commentaires du souvenir. »

Le nombre des victimes originaires des deux départements de la province d'Auvergne s'élève, pour le moment, à 179, sur lesquels notre département du Puy-de-Dôme, plus largement partagé, est compris pour 125 victimes. Le nombre est ainsi réparti par classes: 71 nobles; 67 bourgeois et hommes du peuple; le reste appartient au clergé. — Sur ce chiffre de 179, il faut retrancher cinq Montagnards dont notre pays a malheureusement à rougir. Parmi eux, trois célébrités bien sinistres, hélas! Couthon, né à Orcet, avocat, et deux avoués (procureurs au présidial) : le citoyen Coffinhal-Dubail, né à Aurillac, et le monstre Carrier, né à Yoler, près Aurillac.

Une notice par ordre alphabétique sur chaque exécuté relate la date, les motifs de la condamnation et les circonstances les plus intéressantes de la mort. Je ne connais rien d'aussi émouvant que ces détails, et rien ne nous paraît aussi concluant contre la Révolution que ces récits véridiques du temps, où l'on découvre, chez les plus humbles comme chez les plus grands, même dévouement à Dieu et au roi, même résignation, même courage. Ainsi qu'à Paris et dans le reste de la France, elle est longue et édifiante la liste de paysans, d'ouvriers, de domestiques, de pauvres artisans, lâchement emprisonnés et guillotinés en qualité de « conspirateurs » et d'*ordurés de fanatisme* » (*sic*). Quant aux ci-devants émigrés et contre-révolutionnaires, quel crime autre avaient-ils commis que celui que nous commettons à cette heure, c'est-à-dire de haïr cordialement la Révolution ?

Leurs noms, la plupart fort modestes, nous rappellent des parents, des alliés, des amis, car notre Auvergne a le droit douloureux de s'enorgueillir du nombre de ses victimes. Appelons au hasard : les quatre Montmorin de Saint-Hérem, les cinq Rollat, les du Crozet, de Leyval, Rollet d'Avaux, de Provenchères, de Rigaud, de Ligondès, Teilhard du Chambon, Molin, du Corail, de Chevarié, de Lastic, de Vichy, de Vandègre, etc. Toutes les bonnes familles de notre contrée ont eu leurs représentants à la guillotine, jusqu'à celle de notre sénateur actuel, M. Salneuve, le bon républicain. Se rend-il bien compte, ce dernier, que son grand-père, Jean-Baptiste Salneuve, avocat et commandant de la garde nationale d'Aigueperse, était un Girondin, lui aussi ? Révolutionnaire naïf et sans le savoir, il eut l'imprudence de *traiter Marat de gueux* et de dire *qu'il n'y avait de moyen de délivrer la France de la tyrannie des Parisiens que de fondre sur Paris.*

Il fut dénoncé, arrêté chez lui et conduit à Riom. Mais les Montagnards, pleins de prudence, obtinrent qu'il fût envoyé au tribunal révolutionnaire de Paris. En Auvergne, chose remarquable, les tribunaux refusaient de condamner les Girondins, et les Jacobins ne pouvaient se débarrasser *sérieusement* de leurs adversaires qu'en les déférant aux juges de Paris ou de Lyon. C'est ainsi que trente-deux exécutions seulement eurent lieu en Auvergne; les autres à Paris, à Lyon, à Quiberon, à Bordeaux, à Moulins et au Puy.

Quel accroissement, quel raffinement de tortures, quand on y songe, que cette traversée de la France! Ballotté de charrette en charrette et de prison en cachot, qu'elle devait sembler longue, cette route! Quel horrible voyage! Que de souffrances sans nom, pour arriver au but inévitable, certain, absolu, la guillotine de la place du Trône ou la guillotine de la place des Terreaux!

En vérité, quand nous nous reportons à ces temps-là, des éclairs de haine, d'indignation et de pitié nous traversent le cœur. Et nous nous prenons à songer qu'à cette heure, sans le Maréchal-Président qui veille, notre pauvre sénateur Salneuve, comme son grand-père, serait certainement dénoncé demain, et subirait le même sort.

Le livre de M. Boudet est, en quelque sorte, l'histoire de l'Auvergne pendant la Révolution; c'est une chronique, jour par jour, des événements qui se passaient à la ville et au village, le récit des arrestations, des pillages, des meurtres, des émeutes qui se succédaient dans notre malheureuse province.

Plusieurs faits peu connus nous ont été révélés dans cet ouvrage, curieux à plus d'un titre; c'est ainsi que nous avons appris qu'au moment de l'insurrection de Lyon, nos paysans d'Auvergne se soulevèrent sur plusieurs points, et que peu s'en fallut que les départements de la Vendée, donnant la main à ceux du centre, n'aient arrêté les progrès de la Commune de Paris. Couthon étouffa dans le sang la rébellion à son début, et la République fut sauvée.

La conclusion à tirer de ces pages attachantes est celle-ci : c'est que, malgré les promesses et les excitations des ambitieux, malgré les efforts des révolutionnaires, notre paysan d'Auvergne, à la tête obstinée, à l'âme rude, fière, un peu sauvage, restera inébranlablement fidèle à ces deux principes : le respect de l'autorité et la foi en Dieu !

7. L'oratorien *Périer* pouvait appartenir, avec plus de vraisemblance, à la famille Périer, de Clermont, alliée aux Pascal. On se souvient que ce fut M. Périer qui, sur les indications de son beau-frère Blaise Pascal, fit la fameuse expérience du vide qui démontra la pesanteur de l'air et devint le point de départ de l'application du baromètre. Le puy de Dôme servit de théâtre à cette expérience. Le sommet de notre montagne était prédestiné aux observations scientifiques; aujourd'hui en effet, sur l'emplacement de la chapelle moyen âge de Saint-Barnabé, abandonnée dans le dernier siècle, selon la légende, aux sabbats des sorciers, s'élève un important observatoire météorologique dû à l'initiative et à la persévérance des savants auvergnats. Au moment où l'on construisait ce modeste temple à la science, d'importantes découvertes archéologiques étaient faites au même endroit. L'Académie de Clermont luttant d'efforts et de sacrifices, on parvint à faire déblayer les plates-formes,

et les fouilles ont mis au jour les splendides vestiges d'un des sanctuaires les plus vénérés de la Gaule romaine. La découverte de salles, d'escaliers, de degrés gigantesques, atteste l'importance de ce temple de Mercure, où les matériaux les plus précieux avaient été réunis. Voici pour longtemps notre puy de Dôme devenu le pèlerinage des savants de tous les pays, des touristes, des observateurs et des curieux. Que de souvenirs amoncelés sur ce petit coin de basalte, sur ce cratère de volcan éteint! Tout autour, la trace de soulèvements furibonds de la nature et de phénoménales catastrophes! Ici, Gergovie et la gloire sans tache de nos aïeux les Gaulois de Vercingétorix; là, sur ce sol même, un temple colossal bâti aux dieux païens qu'adoraient Rome et César; à nos pieds, les donjons et les forteresses des siècles barbares; puis les châteaux du moyen âge et la cathédrale gothique, avec ses grands souvenirs de *Dieu le veut!* C'est là enfin, à quelques pas, que sont nés ce grand juste qui s'appelait L'Hospital et ce sublime chrétien qui avait nom Pascal!

Pour en revenir à la famille *Perier-Pascal*, elle compte encore des représentants aujourd'hui dans nos alliés les *Féligonde*. Le dernier chef de la famille de Féligonde est M. Eustache de Féligonde, naguère député royaliste à l'Assemblée de Versailles, et qui habite le château du *Chatelard*, près d'Ebreuil. — *Ebreuil*, modeste chef-lieu de canton, situé d'une façon très-pittoresque sur les bords de la Sioule, a été autrefois une résidence de nos rois carlovingiens. L'église romane a un grand caractère.

Non loin de la ville, à mi-côte, une charmante châtellenie appartenant à une de nos cousines, Mme de Grillon, petite-nièce du comte Ignace de Sampigny; plus loin, en pleine campagne, au milieu des prés et des bois, le château du *Chatelard*. Le fils aîné de la maison, Roger de Féligonde, a épousé, il y a quelques années, Mlle de Puységur; Anatole, le second fils, est conseiller à la Cour des comptes; leur sœur Marielle est mariée au comte de Savigny de Moncorps. M. Eustache de Féligonde se trouve le dernier survivant de ses frères. L'aîné, Paul, a laissé une nombreuse et belle famille, et ce nom de Féligonde, aimé et vénéré dans toute l'Auvergne, est destiné, grâce à Dieu, à ne pas s'éteindre. Parmi ses six fils, deux ont été militaires : le capitaine Hippolyte, marié à une Espagnole, Mlle d'Algara; le capitaine Victor, à une jeune fille de Bruxelles, Mlle Berkmans; deux frères jumeaux, Gabriel et Joseph, et deux autres, Alphonse et Louis, habitent l'Auvergne; enfin, trois filles : Madeleine, qui a épousé M. Culhat de Chamond; Thérèse et Claudie. Le troisième des Féligonde, qui portait le nom de Villeneuve, est mort conseiller à Riom. Son fils aîné, Henri, propriétaire du château de Villeneuve, a épousé Mlle de Matharel; le cadet, Mlle de Varennes. L'une de ses filles est Mme de Thuret; la seconde est religieuse.

Pour l'histoire des familles aussi bien que pour l'histoire du pays, nulle province n'est mieux partagée, croyons-nous, que l'Auvergne. Sans parler de tant de documents déjà connus, un archéologue et un savant de mérite, M. Ambroise Tardieu, auteur d'importants ouvrages généalogiques, vient de publier dernièrement une œuvre considérable, pleine de faits et de recherches, intitulée *Dictionnaire du Puy-de-Dôme*,

La Palisse en Bourbonnais

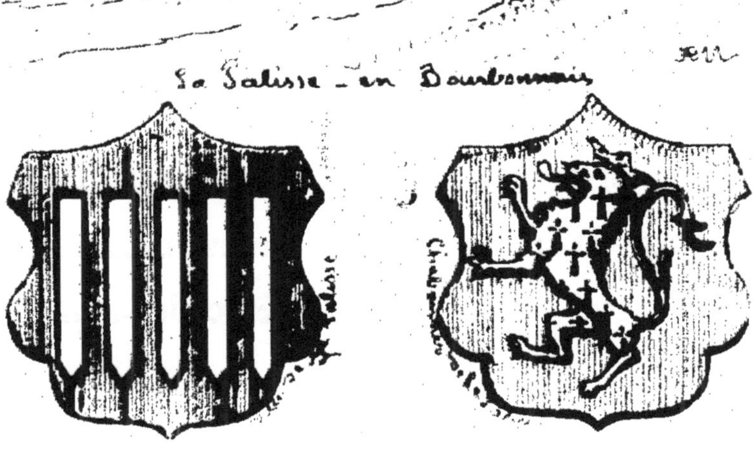

# CHAPITRE HUITIÈME

Départ d'automne. — Les mines de Commentry. — Saint-Front. — Impressions d'enfance. — Le château de Beauregard. — Les Fayolle de Chaptes. — Route de Randan. — Le château de Randan et la famille d'Orléans. — Château de Pouzat. — Vichy : le Vichy de 1840 et le Vichy d'aujourd'hui. — Arrivée à La Palisse. — Aspect du Bourbonnais.

PENDANT plusieurs années, en quittant l'Auvergne, à la fin d'octobre, ma mère faisait dans les environs de Montluçon un séjour chez une de ses amies de couvent.

Mme Rambourg de Commentry, fille de M. de Monicault, était une personne d'esprit et de grand charme. Son mari, propriétaire avec ses deux frères, MM. Charles et Louis, des Forges du Troncay et des mines importantes de Commentry occupait alors sur le lieu même de la mine une charmante résidence appelée *Saint-Front*. C'était lui seul qui dirigeait au nom de ses frères l'établissement paternel. — Commentry, ville de dix mille âmes en 1877, était, il y a trente ans, un bourg exclusivement formé d'ouvriers mineurs, et n'atteignait pas le chiffre de mille habitants. On avait monté également à cette époque une fabrique de glaces, qui fut plus tard transportée à Montluçon. Le mouvement, l'animation des ateliers, le bruit des machines, cette odeur pénétrante de la fumée de houille, s'étaient gravés si profondément dans mon esprit et dans mon imagination que cette impression est toujours restée la même. Combien de fois, depuis, m'est-il arrivé, descendant dans une mine, visitant une forge ou un grand établissement industriel à l'extrémité de l'Europe ou au delà des mers, d'éprouver une sensation identique à celle que j'éprouvais, étant enfant, au puits de Sainte-Aline et de Saint-Edmond! En outre (effet assez étrange), de même que certains parfums, certaines harmonies ont le don d'évoquer un coin de notre passé, de faire revivre en nous les sensations, les émotions les plus lointaines : aujourd'hui encore, je ne puis respirer la fumée de la houille, entendre les sourds ébranlements des machines, entrevoir les brasiers de hauts fourneaux et sentir craquer sous mes pieds les débris de charbon calciné, sans être reporté immédiatement par l'imagination à Commentry, vers l'année 1840. La maison, les jardins m'apparaissent ; sur moi se lèvent tout à coup les grands yeux noirs de l'amie de ma mère, et j'aperçois les deux jeunes femmes, avec leurs robes blanches, descendant le perron du château, tandis que leurs enfants jouent devant la serre sur le sable brûlant.

Assez souvent, avant d'aller en Bourbonnais, ma mère venait passer quelques jours chez sa grand'-tante, M^me^ Fayolle de Chaptes, au vieux château de Beauregard, sur la route pittoresque de Pont-du-Château. Cette grande maison, au sujet de laquelle couraient mille légendes, m'effrayait autant, je l'avoue, que son propriétaire. Le mari de notre grand'tante, homme dur et original, était un ancien garde du corps de Louis XVIII. Chose bizarre, son père avait servi sous Louis XVI en la même qualité, et son fils Hyacinthe Fayolle de Chaptes, l'homme le meilleur, le plus aimé, le plus respecté du pays, s'était retiré du service en 1830, après avoir également servi comme garde du corps du roi Charles X. Voilà une filiation de dévoués et modestes serviteurs royalistes qui certes vaut bien telle noblesse tapageuse que nous connaissons. Le survivant de tous ces braves soldats est notre cousin Henri Fayolle de Chaptes, capitaine au 9e cuirassiers à Reischoffen, retiré aujourd'hui en Limousin, après son mariage avec Mlle de la Salle. Ses deux sœurs sont mariées, l'une à Riom, à M. de Vissac, capitaine d'infanterie; l'autre à M. de Froment, gentilhomme du Nivernais.

D'autres fois, nous partions de Saulnat directement, et, après deux journées et deux nuits passées à Denone, nous reprenions notre course vers le Bourbonnais par la route de Randan. — Randan, cette magnifique résidence de la famille d'Orléans, appartenait à cette époque à Mme Adélaïde, sœur adorée du roi Louis-Philippe. Mon père m'emmena une année avec lui au château de Randan. C'était vers 1844 ou 1845. S. A. R. daignait témoigner à tous les miens une affection particulière, et je me souviens de l'accueil plein de grâce et de bonté qui nous fut fait par la princesse. Nulle famille, du reste, autant que la famille des Bourbons, ne possède le don de charme. Leur simplicité, leur aménité, séduisent quiconque approche d'eux. — Aujourd'hui le château de Randan, devenu la propriété de Mgr le duc de Montpensier, est pendant la belle saison le rendez-vous de cette famille nombreuse, si patriarcale et si unie. Là, une charmante troupe d'enfants, de jeunes cousins et de jolies cousines, prend ses ébats sur ces pelouses et sous ces magnifiques ombrages, insouciante de politique et confiante en Dieu et en l'avenir.

Après avoir traversé la magnifique forêt de Randan, nous passions quelquefois avec ma mère une journée chez un de nos parents, le vicomte de Rubelles, au château de Pouzat, situé sur une hauteur d'où l'on domine l'Allier et la plaine de Vichy. Pouzat est une confortable habitation moderne, qui fut bâtie par M. de Marpon[1] et achetée plus tard par le comte de Rubelles[2].

Elle est distante de Vichy de trois kilomètres.

Vichy, à cette époque, était loin d'être aussi fréquenté qu'aujourd'hui. La foule des baigneurs qui s'y presse maintenant est nombreuse, sans doute; mais n'est-elle pas aussi singulièrement bigarrée? Jadis, c'était le rendez-vous presque exclusif des malades de qualité, des étrangers richissimes, enfin de tout ce que l'aristocratie européenne possédait de goutteux, de bilieux et d'hypocondriaques. La plupart des baigneurs arrivaient en poste; les remises des hôtels étaient encombrées d'opulentes berlines et de confortables chaises. Les familles des alentours venaient s'installer avec leurs chevaux et leurs équipages. En 1840, qui pensait aux chemins de fer? Or avouons que Vichy, avec le reste de la France, savait fort bien s'en passer. Ce Vichy-là, à vrai dire, nous plaisait davantage. Mais, hélas! si nous le regrettons de toute notre âme, n'est-ce pas surtout parce qu'il nous rappelle de longs séjours heureux de notre enfance et de notre jeunesse? Depuis que l'empereur Napoléon III a très-généreusement transformé le Vichy de la marquise de Sévigné et le Vichy de Mesdames en boulevards parisiens, en Champs-Élysées cosmopolites, nous n'avons fait que traverser cette bruyante villégiature.

Dans les voyages, jadis, quelle lenteur! Lorsque je songe que le trajet si court qui sépare le Bourbonnais de l'Auvergne, le château de Saulnat de celui du Coude, s'accomplissait régulièrement en deux jours!

Enfin, après un arrêt à Vichy ou à Cusset, à l'*hôtel du Lion d'or*, tenu par une aimable hôtesse, Mme Bellot, notre équipage gravissait péniblement la côte de Baux, et bientôt après nous apercevions les toits du vieux château de La Palice [3].

La ville, dont toute la célébrité vient de l'ancienne résidence des seigneurs de Chabannes de La Palice, est fort pauvre et n'offre aucun intérêt. Son château est toute sa gloire; il est rentré depuis la Révolution dans la famille, et a été restauré à grands frais, avec beaucoup de goût, par les deux frères, le marquis et le comte de Chabannes, tous deux généraux, et par leur fils et neveu le marquis Jacques, propriétaire actuel.

Lorsque, enfant, j'allais au château, je me souviens du sentiment de respect, mêlé de terreur, que me causaient ces superbes salles, ces grands corridors, ces escaliers tournants. En dépit des charmantes jeunes filles qui auraient dû nécessairement égayer le manoir, j'ai toujours conservé du vieux château de La Palice une impression de tristesse : le moyen âge est vraiment glacial.

Sans la sous-préfecture, qui ressemble à une grande auberge, et que l'opulent Vichy-Cusset lui envie depuis si longtemps, la pauvre ville, déjà bien morne, serait tout à fait délaissée. Mais n'en disons point de mal, ne serait-ce que par reconnaissance, en songeant que ce furent les braves gens de La Palisse qui, malgré les démocrates de Cusset, ont si souvent élu mon père député[4], du temps où régnait sur la France le tyran Louis-Philippe!

Cette partie du Bourbonnais, fort accidentée, est, sauf quelques parties appelées « Forte-Terre », aride et déserte. Il serait injuste toutefois de juger le département de l'Allier par les environs de La Palisse : les environs de Moulins[5] sont charmants, et la ville est une des plus jolies villes de province. Ici, c'est autre chose : nos horizons sont beaux, larges, immenses, sans doute, mais sévères et trop souvent monotones. Le sol est ingrat : de vastes landes, des bois de sapins, des étangs, quelques maisonnettes en chaume, des fermes clair-semées çà et là, voilà le pays!

Un jour, voyageant en Saxe, dans les environs de Dresde, du côté de la Pologne, j'ai traversé une contrée tellement semblable au Bourbonnais que je crus, par le fait d'une hallucination, être transporté subitement dans l'arrondissement de La Palisse.

# NOTES

## DU CHAPITRE HUITIÈME

1. *M. de Marpon,* mort il y a quelques années, receveur général à Limoges, avait épousé M^lle Nathalie de Wauthier, fille du général comte de Wauthier, petite-nièce du chevalier de Forget. Sa veuve, M^me de Marpon, habite aujourd'hui aux portes de Clermont-Ferrand, sur la route de Royat, une ravissante demeure, fort bien désignée du nom de Montjoli. C'est un des plus délicieux endroits que je connaisse; le panorama des montagnes et de la ville entière de Clermont est d'un effet ravissant. La maison, de pur XVIII^e siècle, est un bijou de goût; les jardins, ou plutôt le parc, sont une merveille. Montjoli vient à M^me de Marpon du chef de sa tante, la baronne de Cordès, fille de M. Grangier de la Mothe, maire de Clermont de 1809 à 1815. La terre et le château de Cordès, une des résidences moyen âge les mieux conservées de France, située sur un versant du puy de Dôme, dans un site des plus sauvages et des plus pittoresques, appartenait au baron de Cordès. C'est aujourd'hui la propriété du comte Becker de Mons.

Montjoli, ce mignon château-fief de Chamalières, a été bâti, en 1755, par Michel Girard, seigneur de la Batisse et de Montjoli, doyen de la cathédrale de

Clermont, abbé du Bouchet. On retrouve ses armes sur les balcons des croisées.

2. Le comte Anatole de Rubelles, marié à Mlle Andrieu, petite-fille du comte Ignace de Sampigny, est fils de Guy Porlier de Rubelles et d'une demoiselle de Cacqueray, tous deux Normands. La famille Porlier de Rubelles, fort ancienne, est originaire du Midi. Une branche est établie en Suisse, la seconde en Espagne, la troisième en Normandie. Le château de Goupillières, dans les environs de Bernay, leur appartient. Sorti de la famille, il fut racheté par Pierre Porlier, seigneur de Rubelles et de Fréville, conseiller à la Cour des comptes, puis bailli du Temple et chancelier de l'ordre de Malte, gouverneur d'Enghien en 1731. C'est un vieux château Louis XIII, d'un grand caractère, un peu triste, entouré d'arbres magnifiques. Avant la guerre de 1870, nos cousins de Rubelles habitaient la Normandie; là comme en Auvergne, ils exerçaient grandement leur vertu favorite : l'hospitalité. Depuis ils sont revenus en Bourbonnais, sur la lisière d'Auvergne, se fixer au château de Pouzat. Leur fils Albert a épousé, il y a deux ans, la fille de M. de Flaghac.

3. *La Palisse,* ou mieux *La Palice,* possède un des plus beaux châteaux du Bourbonnais. Édifié sur une éminence, dominant la ville et commandant la vallée de la Besbre, le château de La Palice montre une magnifique façade de la Renaissance.

Cette façade, construite, suivant la mode bourbonnaise, en briques, et dont le charmant appareil *losangé* peut être donné comme un modèle du genre, contient, souvent répétées, les armes du maréchal de Chabannes et celles de sa seconde femme, Marie de Melun : *de gueules au lion d'hermine, armé, couronné et lampassé d'or*, qui est de Chabannes ; et *d'azur à sept besants d'or, au chef de même*, qui est de Melun. Aux deux extrémités se trouvent des travaux plus anciens, auxquels la façade en mosaïque de briques sert de trait d'union. D'un côté, c'est un beau donjon du XIVe siècle ; de l'autre, c'est la chapelle, grande comme une église, et appartenant au meilleur temps du gothique fleuri. Il n'est pas inutile de remarquer qu'à l'époque où messire Jacques de Chabannes quitta sa seigneurie de Charluz-le-Paillou, en Limousin, et vint acheter le *chastel* de La Palice à *Charles de Bourbon*, comte de Clermont (ce qui fut fait par acte daté du 18e jour de mars 1430), la chapelle était église paroissiale, sous l'invocation de saint Léger. Munie d'un chemin de ronde et d'une tour crénelée, c'était une véritable forteresse, faite autant pour la défense de la place que pour le service du Très-Haut. Ledit seigneur Jacques, fondateur de la maison de Chabannes, en Bourbonnais, laissa par testament un legs considérable pour créer à l'église de La Palice six prébendes [1]. C'est vers ce temps (1450-1460) que l'église devint chapelle particulière du château. Peu après, elle fut restaurée, ou, pour mieux dire, *réédifiée* avec grande magnificence. Elle conserva cependant sa vieille tour crénelée. Dans la superbe construction de briques qui relie le vieux château à la chapelle, le maréchal de Chabannes fit faire des appartements décorés avec un luxe royal. Toutes ces belles choses sont maintenant fort délabrées ; il reste cependant un splendide plafond

1. *Notice historique sur la maison de Chabannes*, par la comtesse de Chabannes La Palice. Imprimée en 1864 chez Ferdinand Thibaud, à Clermont-Ferrand.

lambrissé, dont les caissons, finement sculptés et rehaussés d'or, sont de précieux types du grand art décoratif de la Renaissance. On sait que la veuve du maréchal fit exécuter à grands frais, par des artistes italiens, un tombeau digne de l'illustre mort de Pavie : c'était un sarcophage en marbre blanc sur lequel on voyait le maréchal à genoux, dans l'attitude de la prière; *Marie de Melun*, dans la même posture, et en habits de deuil, s'était fait représenter auprès de son époux. Ce beau mausolée s'élevait au milieu de la nef de la chapelle et existait encore, parfaitement conservé, au moment de la Révolution. C'est à cette désastreuse époque qu'il fut mis en pièces par une bande de *patriotes* marseillais qui se rendait à Paris, et qui fit halte à La Palice pour piller le château. On raconte qu'un touriste anglais, grand amateur d'objets d'art, s'arrêta à La Palice peu de temps après le passage des Marseillais. Un indigène lui montra plusieurs bas-reliefs du tombeau qu'il avait recueillis. L'Anglais, frappé de la beauté de ces fragments, s'empressa de les acheter et partit en emportant sa précieuse trouvaille. De La Palice, il se rendit à Avignon, où il tomba gravement malade. Un médecin de la ville le soigna avec un très-grand dévouement, mais ne parvint pas cependant à arrêter les progrès du mal. L'Anglais, sentant sa fin approcher et touché des soins assidus qu'il avait reçus du docteur avignonnais, ne trouva rien de mieux, pour lui témoigner sa reconnaissance, que de lui offrir les bas-reliefs de La Palice. Le docteur conserva pieusement ces belles sculptures, qui, après sa mort, passèrent au musée d'Avignon, où elles sont encore aujourd'hui. D'autres fragments, paraît-il, sont en Angleterre.

A La Palice, tout ce qui reste du tombeau a été employé, avec d'autres débris sculptés, à la construction moderne d'un petit monument, sorte d'*autel aux aïeux*, qui décore le parc du château. La face principale de l'édicule montre une belle plaque de marbre décorée de l'écusson des *La Guiche : de sinople, au sautoir d'or*. De chaque côté, et encadrant cette plaque, on voit deux pièces de marbre blanc, dont l'une porte le lion des Chabannes, et l'autre une fleur de lis d'une forme ancienne et charmante. Ces deux pièces, qui n'ont jamais été décrites ni même remarquées, proviennent très-probablement du tombeau du maréchal. Sur une des faces latérales, j'ai remarqué une autre dalle en marbre, ornée d'une allégorie touchante : deux cœurs traversés et réunis par un glaive, avec cette légende : *Unitas*. Enfin, simplement *posé* sur l'édicule, se trouve le dernier et le plus curieux des débris du tombeau : ce sont *les genoux de la statue du maréchal*, très-reconnaissables, malgré les efforts des hommes et du temps. Si le mausolée du maréchal n'existe plus que par quelques fragments, on peut encore admirer, dans la chapelle du château, les deux pierres tombales accouplées portant les statues couchées de Jacques Ier de Chabannes et d'Anne de Lavieu, sa femme. Ces statues sont d'un très-bon style et d'une excellente exécution : Jacques en harnais de guerre et les pieds appuyés contre un lion qui tient l'écu des Chabannes; Anne a les pieds posés sur un lévrier. Des dais ajourés, d'un travail très-fin, abritent les deux époux.

La restauration du château, commencée depuis une trentaine d'années, s'achève peu à peu. Parmi les appartements terminés se trouve une fort belle salle très-luxueusement ornée, mais dont la principale décoration est formée par trois grands tableaux qui occupent le fond de la pièce. Ce sont les portraits en pied et de grandeur naturelle : 1° de Gilbert de Chabannes, deuxième fils de Jacques et chef de la branche de Curton ; 2° de Françoise de La Tour d'Auvergne, fille de Bertrand VI, comte d'Auvergne (première femme de Gilbert) ; 3° de Catherine de Bourbon, fille de Jean II^e du nom, comte de Vendôme (deuxième femme de Gilbert). Ces peintures ne sont malheureusement que des copies. Les originaux, doublement précieux par leur intérêt historique et leur grande valeur archéologique, avaient cependant traversé la Révolution et se trouvaient encore au château de La Palice après 1830. Mais, lorsque Louis-Philippe organisa à Versailles son célèbre musée historique, les magnifiques tableaux de La Palice lui furent généreusement offerts. C'est ainsi que les portraits originaux de Gilbert de Chabannes et de ses deux femmes se trouvent aujourd'hui dans ce musée, que l'on a spirituellement nommé l'*hôpital des grands hommes*.

Avant de quitter La Palice, il est bon de dire un mot sur les deux formes orthographiques de son nom : La Pali*ce* et La Pali*sse*. La Pali*ce* est la forme la plus ancienne et celle qui a été observée, de tout temps, par les châtelains : c'est l'orthographe seigneuriale. La Pali*sse* est la forme adoptée par la ville : c'est l'orthographe municipale, l'orthographe des armes parlantes de la cité : *de gueules à cinq pals aiguisés d'argent*. (Roger de Quirielle.)

Le vieux château de La Palice me rappelle de douloureux souvenirs, quand je songe aux deux nobles veuves qui parfois l'habitent. L'une (la mère), la comtesse Alfred de Chabannes, survit à son mari et à ses deux fils ; la plus jeune (la bru) a vu, il y a peu d'années, en un jour s'écrouler tout son bonheur. Je n'oublierai jamais le lendemain de mon arrivée à Alger, en juin 1873, ma visite à cette villa riante de Mustapha inférieur, et l'émotion indicible qui me saisit devant ces cinq petits enfants vêtus de noir, en présence de cette admirable jeune femme, forte contre la douleur, douce et résignée comme une sainte. Quelques jours auparavant, la mort avait arraché à cet intérieur si calme, si profondément, si absolument heureux, l'époux et le père adoré. Notre pauvre ami Antoine de Chabannes, commandant d'état-major, avait été enlevé brusquement par une fièvre soudaine, en pleine vie, en pleine santé. Sa vie avait été celle d'un héros, sa mort fut celle d'un chrétien. Dans la vieille mosquée devenue cathédrale, Msr Lavigerie prononça sur ce soldat modèle une oraison funèbre qui fit frissonner et sangloter toute l'assistance. Plus d'un long mois s'écoula avant que la comtesse de Chabannes consentît à abandonner cette maison où elle avait été si heureuse. Son père, le comte d'Havrincourt, vint de France pour arracher sa fille à cette terre inhospitalière, qui semblait avoir pour elle une étrange attraction.

4. Voici, pour l'ancienne province du Bourbonnais (département de l'Allier), une nomenclature de la représentation aux Assemblées semblable à celle que nous avons donnée pour l'Auvergne. En fait de grands hommes politiques, constatons une indigence à peu près complète.

Les électeurs des trois ordres pour la sénéchaussée du Bourbonnais se réunirent à Moulins le 16 mars 1789, et choisirent les douze députés suivants pour envoyer aux *États généraux*. — Pour le clergé : Tidron, curé de Rongère ; Aury, curé d'Hérisson ; Laurent, curé d'Heuillaux. — Pour la noblesse : Destutt, comte de Tracy ; baron de Coiffier ; — Dubuisson, comte de Douzon. Pour le tiers état : Michelon, procureur du Roi en la châtellenie de Murat; Berthomier de la Vilette, procureur du Roi à Cerilly; Lomet, avocat au Parlement; Goyard, avocat au Parlement; Vernin, lieutenant particulier, civil et criminel, au siége présidial de Moulins; Lebrun, sieur de la Motte-Vessé.

*Législative de 1791.* —Jouffret, homme de loi, ci-devant procureur général syndic; Douyet, ci-devant membre du directoire du département de l'Allier; Hennequin, maire à Gannat; Ruet, homme de loi, membre du directoire du département; Gualmin, médecin à Montmarault; Boisrot, juge au tribunal de Montluçon; Destrée, maréchal de camp. Suppléants : Bontoux, maire de Saint-Pourçain; Desfavières, maire à Montluçon; Saint-Quentin, président au district de Cusset.

*Convention nationale.*—Petit-Jean, de Burges-les-Bains (Bourbon-l'Archambault); Vidalin, imprimeur à Moulins; Martel, de Saint-Pourçain; Forestier, de Cusset; Giraud, de Montmarault; Chevalier, de Montluçon; Beauchamp, du Donjon. Suppléants : Dubarry, vicaire à la cathédrale; Damour, de Burges-les-Bains; Chabot, juge à Montluçon.

*Élections de l'an IV.* — Pour les deux tiers à prendre dans la Convention : Boissy d'Anglas, Lanjuinais, Larivière, Cambacérès. Pour le tiers à prendre dans le département : Vernin, Goyard, d'Alphonse. Le citoyen Sauret fut nommé juré près la haute Cour nationale.

*En l'an V.* — Amelot, de Cusset, et Maugenest, de Montluçon, furent, en remplacement du premiers tiers, nommés députés au Corps législatif, et Devaux, de Chambord, juré de la haute Cour de justice nationale.

*En l'an VI.* — Martel fut élu pour le Conseil des

Anciens, et Maudon pour le Conseil des Cinq-Cents, en remplacement du deuxième tiers.

*En l'an VII.* — Beauchamp fut élu député au Conseil des Cinq-Cents; d'Alphonse et Chabot au Conseil des Anciens; Pouyet fut nommé haut juré.

*Constitution du 22 frimaire an VIII.* — Membre du Sénat : Destutt de Tracy. Membre du Tribunat : Chabot de l'Allier. Membres du Corps législatif : Beauchamp, du Donjon; Maugenest, de Montluçon; Étienne Sauret, de Gannat; Lucas, de Gannat; général Sauret.

*Élections de* 1807. — *Corps législatif.* — Hennequin, Giraudet père, président du Tribunal civil de Moulins.

*Élections* de 1812. — *Corps législatif.* — Hennequin; Lucas, président du Tribunal de première instance de Gannat.

*Élections de* 1814. — *Corps législatif.* — Collége de département : Camus de Richemont et Claustrier. — Pour Moulins : Burelle, ancien conseiller de préfecture. Pour La Palisse : Desbrets, colonel d'infanterie. Pour Montluçon : Duprat, juge de paix. Pour Gannat : Givois, avocat.

*Élections de* 1815. — *Députés.* — Préveraud de la Boutresse; de Coiffier; Aupetit-Durand.

*Élections de* 1816. — Aupetit-Durand; Préveraud de la Boutresse.

*Élections de* 1819. — D'Alphonse, Burelle.

*Élections de* 1820. — Aupetit-Durand; Préveraud de la Boutresse.

*Élections de* 1822. — Deschamps de la Varenne; marquis Victor de Tracy.

*Élections de* 1823. — Béraud des Rondards; de Chevenon de Bigny; Préveraud de la Boutresse; de Chamflour, maire de Moulins.

*Élections de* 1827. — Béraud des Rondards; de Cony de la Faye; marquis Destutt de Tracy; baron Camus de Richemont.

*Élections d'octobre* 1830. — Baron Camus de Richemont; Pierre Reynaud, avocat; de Grouchy, colonel du 3e de chasseurs.

*Élections de* 1831. — Reynaud (Gannat); baron Camus de Richemont (Montluçon); marquis de Tracy (La Palisse); Paul Meilheurat (*idem*).

*Élections de* 1834. — Marquis de Tracy (Moulins); Étienne Boirot (Gannat); baron Camus de Richemont (Montluçon); Bureaux de Puzy, capitaine du génie (La Palisse).

*Élections de* 1837. — Meilheurat, conseiller à la Cour de Riom (Moulins); baron Le Lorgne d'Ideville, maître des requêtes au Conseil d'État (La Palisse); Étienne Boirot (Gannat); Tourret (Montluçon).

*Élections de* 1839. — Meilheurat (Moulins); Moulin de Bord (La Palisse); Pierre Raynaud (Gannat); Tourret (Montluçon).

*Élections de* 1842. — Meilheurat (Moulins); baron Le Lorgne d'Ideville (La Palisse); Bureaux de Puzy (Gannat); Victor de Courtais (Montluçon).

*Élections de* 1846. — Meilheurat, directeur au ministère de la justice (Moulins); baron Le Lorgne d'Ideville (La Palisse); Bureaux de Puzy (Gannat); Victor de Courtais (Montluçon).

*Assemblée nationale,* 1848. — Tourret, Victor de Courtais, Bureaux de Puzy, Mathé, Madet, Laussedat, Fargin-Fayolle, Terrier.

*Législative,* 1849. — Félix Mathé, Madet, Terrier, Sartin, Rantian. Desmaroux a remplacé Ledru-Rollin (option). Un siége est vacant par suite de la condamnation de Fargin-Fayolle par la haute Cour de justice.

*Élections de* 1852. — Baron de Veauce, Desmaroux de Gaulmin.

*Élections de* 1857. — Baron de Veauce, Desmaroux de Gaulmin, Rambourg de Commentry.

*Élections de* 1869. — Baron de Veauce, Desmaroux de Gaulmin, Mony.

*Assemblée nationale*, 1871-1872. — Martenot, Meplain, amiral de Montaignac, général d'Aurelle de Paladines, Léon Riant, Patissier, marquis de Montlaur.

*Élections de* 1876. — *Députés.* — Laussedat, Patissier, Adrian, docteur Cornil, Chantemille, Defoulenay.

*Sénat*, 1876. — Louis de Chantemerle, baron de Veauce, Martenot.

5. Voici sur la ville de *Moulins* un aperçu vif et sincère qui nous a été donné par un de nos amis, M. Roger de Quirielle :

« La situation de Moulins est délicieuse ; rien de plus riant au printemps et en été que l'aspect de cette ville, vue en descendant une colline qui n'en est qu'à une demi-lieue, sur le chemin de Bourges. Des tours, des maisons, des clochers s'élevant çà et là distinctement au-dessus d'un massif de verdure, à travers de grands arbres touffus, vous laissent à deviner si ce que vous découvrez est une ville, un jardin ou une forêt..... Moulins contient des places fort propres et de très-jolies maisons..... Les faubourgs et la campagne des environs sont remplis de jardins d'agrément et de potagers qui entretiennent la ville dans l'abondance.

« Au-dessus et au-dessous de la ville, sur les bords de l'Allier, sont deux très-vastes prairies appelées les

Champs-Bonnets, où, les jours de fête, lorsqu'il fait beau, vous voyez, sur le soir, se promener tout ce qu'il y a de jeune et d'élégant parmi les habitants..... Au reste, quelque part que vous portiez vos pas, hors des portes de la ville, vous rencontrez partout de charmantes promenades. »

Ce joli tableau a été écrit, au commencement du XVIIe siècle, par un Allemand qui a réuni ses impressions de voyage en France dans un très-curieux livre intitulé : *Jodoci sinceri itinerarium Galliæ.* On peut dire que jamais vieux portrait n'est resté plus ressemblant. C'est que Moulins est une ville de race, dont la distinction native a résisté au *nivelage* démocratique. Les tempêtes révolutionnaires ont été impuissantes à flétrir les fleurs de lis de son blason, et il est facile de voir que sa situation nouvelle de chef-lieu du département de l'Allier n'a pas réussi à lui faire oublier son vieux titre de capitale du Bourbonnais. Aussi cette charmante ville a-t-elle une physionomie à part, dont l'originalité toute aristocratique produit une vive impression.

Construite sur une pente qui s'incline doucement vers l'Allier, elle est entourée d'une admirable ceinture de promenades qui a succédé aux anciens remparts. Ses rues, sans être étroites, n'ont pas la banalité vulgaire des voies modernes; elles montrent à chaque pas d'intéressantes maisons dont les plus curieuses remontent au XVe siècle.

Du reste, les vieux monuments abondent à Moulins. Le plus important est, sans contredit, la cathédrale, ancienne collégiale fondée par le bon duc Louis II de Bourbon. C'est une église à trois nefs de la dernière époque gothique. Elle possède d'admirables vitraux qui ne sont pas antérieurs au commencement du XVI$^{e}$ siècle. Près d'elle se dresse la *Mal coiffée.* C'est une tour carrée à sept étages, dont la masse puissante et rude forme le contraste le plus curieux avec son proche voisin, le *pavillon d'Anne de France.* Ce pavillon est en effet un chef-d'œuvre d'élégance et de délicatesse. Construit dans le pur style de la renaissance italienne, il est décoré avec une abondance qui touche à la prodigalité. On ne peut rien imaginer de plus riche que ces fines ciselures, où se trouve souvent répété le *cerf ailé* de la belle devise de Pierre II.

Un autre édifice justement célèbre est le couvent de la Visitation, qui conserve le souvenir de deux femmes également illustres : M$^{me}$ de Chantal et l'infortunée veuve du duc de Montmorency. Le couvent, par lui-même, offre peu d'intérêt : c'est une vaste construction du XVII$^{e}$ siècle, d'aspect froid et monotone ; mais la chapelle, qui abrite le superbe tombeau de Montmorency, est un somptueux spécimen de l'architecture religieuse au temps du grand roi, bien digne du chef-d'œuvre qu'il contient.

On ne saurait terminer une revue des monuments moulinois sans parler de la tour de l'Horloge. Elle offre un échantillon rare et fort remarquable des beffrois du XV$^{e}$ siècle. La partie supérieure a été réédifiée, en 1655, à la suite d'un incendie qui détruisit le haut du monument, dont la toiture, paraît-il, affectait la forme d'une couronne royale. Sous le campanile qui protège la cloche se trouve la famille de Jaquemart : le père, qui sonne les heures ; la mère, qui frappe les demies, et les enfants, qui signalent les quarts. La sonnerie actuelle a remplacé le vieux timbre victime de l'incendie. Elle a eu pour marraine la reine Marie-Anne d'Autriche.

Si la ville a conservé sa vieille physionomie et ses vieux édifices, les habitants ont perpétué les mœurs de leurs aïeux. Et n'allez pas croire que ceci soit une appréciation désobligeante. En vivant comme leurs ancêtres, les Moulinois vivent de la façon la plus élégante et la plus spirituelle. Écoutez, du reste, ce que dit de la société moulinoise, au XVII^e siècle, ce digne Allemand que nous ne saurions trop citer :

« Vous ferez très-aisément connaissance et vous serez bientôt lié avec la jeunesse du pays, en compagnie de laquelle vous passerez de joyeux moments, loin des tourments et des inquiétudes qui attristent la vie : car tel est le caractère des habitants de ce lieu. Vous serez conduit à des festins, introduit dans les sociétés, admis dans les cercles et dans les bals, menés dans les jardins et dans la compagnie des belles de Moulins ; vous jouirez des charmes d'une agréable conversation, et vous vous formerez à la délicatesse et à la galanterie de la langue française. »

Il n'y a rien à changer à ce portrait, qui est tout aussi ressemblant en 1877 qu'il l'était en l'an de grâce 1625. Il faut ajouter cependant que les Moulinois sont devenus des *sportsmen* de haute distinction. Les courses de Moulins figurent, en effet, parmi les mieux organisées et les plus brillantes de la province.

Est-il besoin de dire que la capitale du Bourbonnais n'est pas et n'a jamais été une ville commerçante ? Autrefois cependant elle avait des ateliers de coutellerie dont les produits étaient très-estimés ; mais aujourd'hui cette fabrication est absolument tombée : l'élégance héréditaire des mœurs moulinoises s'opposait à la vie fiévreuse et un peu vulgaire d'une cité industrielle.

en Bourbonnais

## CHAPITRE NEUVIÈME

Les steppes du Bourbonnais. — Le château de Coude. — Les mélancolies de l'enfance. — Le comte de Viry. — Caractère de l'habitant de l'Allier. — Le Donjon et ses tyrans. — Une nuit sinistre en 1851. — Le peuple en rut. — Le curé de Loddes. — Mariage de mon frère en Charolais. — Le comte de Moreton-Chabrillan. — Château de Digoine.

APRÈS avoir gravi les ruelles étroites de La Palisse, nous laissions à droite la grande route royale, qui conduit à Lyon par Roanne et le Forez, pour suivre plus modestement la route départementale, qui passe au Donjon et s'arrête sur les bords de la Loire, à Digoin, frontière de Bourgogne.

A mi-chemin de La Palisse au Donjon se trouve le Coude, notre habitation de famille, aujourd'hui propriété de mon frère aîné.

Ah! que de fois l'ai-je parcourue, cette longue

route de La Palisse, monotone et déserte! Le jour où le chevalier de Forget et ma mère ne furent plus de ce monde, Saulnat appartenant à mes cousins, l'Auvergne, hélas! fut presque abandonnée. Mon père aimait avec passion sa propriété du Bourbonnais, qu'il avait augmentée et embellie lui-même : aussi, à partir de l'âge de quatorze ans, était-ce au Coude que j'arrivais directement chaque année en quittant Paris.

Le château, acheté par mon père, en 1822, des héritiers du comte de Viry, guillotiné à Lyon sous la Terreur, est placé dans une situation merveilleuse, sur un coteau d'où la vue embrasse un superbe panorama. C'est la fin des landes du Bourbonnais, le commencement de la Bourgogne. Nous ne dirons point que ce soit encore la terre promise; mais après les côtes arides traversées depuis La Palisse, lorsqu'on arrive au hameau du Coude, le décor change brusquement. A l'horizon extrême se découvrent les montagnes bleues du Charolais et du Brionnais, Marcigny, Roanne, la Loire et tout le Forez; au second plan, des villages, des forêts de sapins; à nos pieds enfin, une vallée large et profonde parsemée de prairies, d'étangs, de bouquets de bois, et fermée par les maisons du bourg de Loddes et le modeste clocher de son église. Cette vallée n'est autre qu'une partie de l'immense parc du Coude.

L'habitation par elle-même n'est pas remarquable: c'est une vaste maison carrée du temps de Louis XVI, fort mal restaurée du reste. Elle est précédée d'une spacieuse cour en contre-bas plantée d'arbres, où sont réunis de magnifiques communs. Tout cela, de même que le paysage, est d'aspect assez grandiose. Dans ce pays sauvage, où le sol est loin d'atteindre la valeur qu'il a en Auvergne, la terre du Coude, comme les terres des environs, occupe une grande étendue, si bien que le propriétaire, sans sortir de ses domaines, pourrait se fatiguer à cheminer tout un jour. C'est là sans doute un réel avantage de chasse... Nous l'apprécions fort peu, étant malheureusement devant l'Éternel le plus piètre et le moins convaincu des sportsmen et des chasseurs.

Presque constamment seul et livré à moi-même, un de mes plus grands plaisirs, au Coude, était d'errer dans la campagne, de marcher dans les bois de sapins pour y respirer à pleins poumons l'air embaumé de résine. Il était certains endroits que j'affectionnais entre tous, l'un d'eux entre autres, le chemin toujours désert qui conduit au bourg de Montaiguet[1], en longeant la crête de la montagne. Çà et là, clair-semées, de pauvres maisons au toit de chaume, de grands espaces incultes couverts de bruyères roses et de genêts, quelques arbres rabougris, et d'espace en espace des bouquets de sapins. Sur ces hauteurs, le vent souffle toujours avec violence : j'éprouvais une volupté étrange à entendre ces mugissements plaintifs, ces harmonies sauvages, qui ressemblent au bruit de la mer. Devant moi, à mes pieds, se déroulaient à perte de vue des horizons immenses; aux jours de tristesse et de mélancolie, mes regards plongeaient dans l'infini, vers ces montagnes bleues de la Bourgogne; j'évoquais des êtres imaginaires; il me semblait que mon avenir entier fût attaché là, et qu'à cette heure, là-bas, bien loin, une jeune âme, sœur inconnue, dût évoquer la mienne.

Ces habitudes de rêverie datent de ma plus tendre enfance et cette disposition naturelle, entretenue alors par l'isolement et le spectacle continu d'une nature grandiose et sauvage, ne fit que s'accroître. Dieu me garde, du reste, de m'en plaindre! Les joies les plus profondes, les consolations les plus pures de ma vie, je les dois à la solitude et aux caprices de ma pensée. Il est si bon de s'isoler et de s'arracher, quand on le peut, aux soucis, aux déboires, aux lassitudes de la vie! Rien de plus sain, de plus fortifiant, que de contempler de la montagne inaccessible de son mépris et de sa pitié les drôles qui triomphent et les imbéciles qui réussissent.

L'Auvergnat n'est pas très-communicatif. Ce n'est point pour cette raison cependant, je dois le dire, que j'ai toujours préféré la province d'Auvergne à celle du Bourbonnais. Mes montagnards du Puy-de-Dôme et mes paysans de la Limagne sont loin, assurément, de posséder toutes les qualités morales et physiques, toutes les vertus de l'homme privé et du citoyen; toutefois, nous les plaçons dans notre estime bien au-dessus de leurs voisins de l'Allier. Ces derniers, plus brillants, plus policés peut-être, sont, d'autre part, beaucoup moins solides dans leurs affections, dans leurs idées, dans leurs façons d'être, que les braves Auvergnats; ils sont nonchalants, vaniteux, faibles de caractère, ayant pour le plaisir plus de goût que pour le travail. Les femmes sont jolies, mais paresseuses; on ne les voit jamais, comme les femmes d'Auvergne, prendre part aux rudes travaux des champs.

Quoi qu'il en soit, et quelque léger que puisse être le fond du Bourbonnais et des coquettes Bourbonnaises, leur caractère ne nous déplairait point absolument, si ce malheureux pays n'était aussi facilement accessible aux plus niaises et aux plus détestables doctrines. Le canton du Donjon, en particulier, d'où dépend le domaine du Coude, a de temps immémorial sucé le lait aigre de la démagogie et le fiel amer de la Révolution.

En 1792, la petite ville se nommait *Val-Libre*, et approvisionnait la guillotine de Lyon avec les prêtres et les nobles de ses environs. C'est ainsi que l'ancien seigneur du château du Coude, le comte de Viry, des héritiers duquel mon père a acheté la propriété il y a un demi-siècle, fut enlevé de sa maison un beau matin, et dirigé sur Lyon pour y être exécuté. Je me souviens, dans mon enfance, avoir entendu raconter par un vieillard du village, témoin oculaire du fait, que le pauvre comte, conduit en charrette à La Palisse, dut traverser la vallée de Saint-Martin pour se rendre à Lyon. A un certain endroit de la route, l'on découvre au loin, dans toute son étendue, le hameau du Coude et les bouquets de bois qui l'entourent; là, le prisonnier supplia ses conducteurs de faire halte afin de pouvoir, une dernière fois encore, contempler sa chère demeure.

Ces beaux temps sont loin de nous, disent les Républicains aimables; moins loin cependant qu'on pourrait le croire. C'est ainsi que la nuit du 2 décembre 1851 faillit devenir le signal d'une jacquerie en province. Dès que la nouvelle du coup d'État se fut répandue dans la petite ville du Donjon, les meneurs révolutionnaires, de leur côté, se crurent autorisés à user de représailles, et tentèrent contre les très-innocents représentants de l'ordre et de l'autorité un hardi coup de force qui faillit réussir, et réussit même au début sans difficulté. A la tombée du jour, la maison de gendarmerie fut assaillie, les gendarmes arrêtés et emprisonnés dans leur propre prison. Le juge de paix, le maire et deux anciens gardes du corps, hommes énergiques et entreprenants, furent saisis dans leur domicile, garrottés et jetés sur une charette par une horde de misérables.

Ceci se passait par une nuit obscure et glaciale, et le sinistre cortége se dirigea sur La Palisse, en recrutant sur la route, au son du tocsin, les drôles les plus dangereux du pays. Il était deux heures du matin lorsque la bande passa devant l'avenue du Coude, à trois cents mètres du château. Par ordre de mon père, des lumières avaient été placées à toutes les fenêtres de la maison. En apercevant, au tournant de la route, le château éclairé, la troupe s'arrêta. Il y eut hésitation; les uns voulaient attaquer quand même; d'autres, craignant un retard causé pas une défense quelconque, furent d'avis de ne pas s'écarter de leur chemin et de continuer sur La Palisse, afin de surprendre la ville avant le lever du soleil. Cet avis prévalut.

Les insurgés, dont les rangs s'étaient grossis sur le parcours, arrivèrent au point du jour à La Palisse, escortés de femmes qui s'étaient munies de sacs en vue du pillage. — La résistance fut des plus énergiques de la part des gendarmes. Un d'eux fut tué, les autres grièvement blessés. La charrette contenant les prisonniers avait été naturellement placée en avant ; mais aucun des otages ne fut atteint. Pendant ce temps, le sous-préfet, averti, était parvenu à s'échapper et revint bientôt reprendre l'offensive à la tête d'un détachement de chasseurs arrivés de Moulins, bride abattue[2].

De semblables tentatives de jacquerie organisée se manifestèrent sur plusieurs points du territoire. Elles furent arrêtées dès leur début ; mais ne doivent-elle pas, aujourd'hui, servir d'avertissement ?

Ces événements laissèrent en moi, je dois le dire, des traces profondes, et étouffèrent à jamais les velléités libérales qui avaient pu hanter mon esprit de vingt ans. Le souvenir de cette nuit sinistre, durant laquelle une troupe débraillée hurlait des menaces de mort autour de gens sans défense; le spectacle de nos vieux amis garrottés, gisant sur la charrette; les dangers courus par mon père et mon frère; les scènes horribles de La Palisse, tout cela est resté présent à ma mémoire et m'a profondément dégoûté des aspirations du peuple en folie. Le bien qu'avaient fait mes parents autour d'eux fut, après 1848, une cause de haine et de procédés odieux. Ceci, du reste, n'est-il point la loi commune?...

Mais assez sur ce sujet. Reposons plutôt nos souvenirs sur une noble et sainte figure, celle du vieux curé de Loddes, restée légendaire dans la contrée, où son nom est encore vénéré partout. C'était notre meilleur ami, le seul, pour ainsi dire, dans ce pays isolé, où les voisins les plus proches habitent à dix kilomètres. Son énergie faisait trembler les plus dangereux coquins; son dévouement aux gens de la commune, sa charité, son abnégation, le faisaient respecter de tous. Depuis plus de trente ans il administrait sa paroisse, et son influence a su résister aux efforts des plus exaltés méchants.

Le bien qu'a semé ce héros obscur, homme de renoncement et de foi, dans un village perdu dans les montagnes, sans sœurs de charité, sans médecin, sans ressources d'aucun genre, ne pourrait se dire.

Son âme était grande et simple comme celle d'un apôtre ; il pratiquait la charité comme la première des vertus. Que de fois, pendant les nuits et les rafales de l'hiver, après avoir pansé un malade ou consolé un agonisant à la limite extrême de la commune, il regagna glacé son presbytère ! J'aurai toujours devant les yeux ce vieillard à la haute stature, avec sa belle tête régulière qui rappelait les traits de Fénelon. Notre pasteur de Loddes est demeuré jusqu'à sa mort le plus fidèle ami des miens, le conseiller le meilleur, aux bons comme aux mauvais jours.

Après la révolution de Février 1848, mon père s'était tout à fait retiré à la campagne. Sauf quelques mois passés à Nice, il quitta rarement, même pendant l'hiver, sa propriété du Bourbonnais. Le régime républicain l'ayant naturellement dépouillé de toutes ses fonctions à la Chambre des députés, au Conseil d'État, et même au Conseil général de son département, il n'avait plus d'autre occupation que l'étude et sa terre du Coude.

Avant sa mort, la dernière joie qui lui advint fut le mariage de mon frère avec la fille d'un de ses anciens amis, le comte César de Moreton-Chabrillan.

Mon aîné et unique frère Léon était entré dans la marine fort jeune. Après avoir longtemps navigué et conquis, à vingt ans, dans une affaire périlleuse à la Plata, la croix de la Légion d'honneur, il se retira complétement du service après 1849, avec son modeste grade d'enseigne. Ses goûts pour la campagne et la chasse le retinrent au Coude, et notre père fut heureux, en ces temps troublés de révolution, de voir fixé auprès de lui son fils aîné. Le mariage de mon frère eut lieu le 26 octobre 1850, en Bourgogne, au château de Beauregard. Nous partîmes du Coude en poste avec mon père et mes deux cousins Émilien de Forget et Edmond Fain, et le soir nous arrivions à destination chez le comte de Moreton. Cette partie du Charolais habitée par la nouvelle famille de mon frère est une des contrées les plus riches et les plus animées du département de Saône-et-Loire. Après avoir quitté le Donjon et traversé la Loire à Digoin, nous nous arrêtâmes à Paray-le-Monial, ce charmant asile religieux rempli de couvents, de chapelles et d'églises, petite ville sainte, retraite paisible, déjà très-fréquentée par les fidèles, bien que le pèlerinage du Sacré-Cœur de Jésus n'eût point, il y a vingt-cinq ans, l'importance qu'il a aujourd'hui. — Depuis Paray-le-Monial jusqu'aux petites villes de Palinges et de Génelard, auprès desquelles se trouvent les propriétés de la famille de Moreton-Chabrillan, l'aspect du Charolais est riche, sans doute, mais d'une riante monotonie. La route longe le canal, ombragé par une double rangée de peupliers; à droite et à gauche, des prairies où paissent de nombreux troupeaux, des fermes, des villages bien bâtis où respire l'aisance; çà et là, de vastes parties boisées, des cours d'eau fréquents et quelques rares collines : telle est à peu près la physionomie de ce pays, qui se rapproche aussi peu des beautés pittoresques et de la richesse de l'Auvergne que des horizons austères et des collines dénudées des environs de La Palisse.

Le propriétaire de Beauregard, que toute la contrée connaissait sous le nom de M. de Moreton, était un grand bonhomme sec et droit, type parfait de vieux gentilhomme des champs. Maître absolu et quelque peu despote sur ses terres et dans sa maison, chasseur effréné, indépendant dans ses goûts, dans ses habitudes, plein d'esprit, de malice et d'originalité, il était très-apprécié par les uns, mais fort redouté par les autres. Il aimait peu à se gêner, à se contraindre; mais, en retour, n'exigeait pas davantage de ses semblables. Resté très-jeune possesseur d'une fortune considérable et livré à lui-même, il eut le rare privilége de ne jamais dépendre de personne et de voir à peu près, sa vie durant, tout se plier à sa fantaisie; populaire, du reste, dans la contrée, aimé des petits et ne craignant point, à l'occasion, de faire le bien. Sa verte vieillesse se termina, il y a deux ans, par un accident. Il mourut à quatre-vingt-six ans, debout comme un chêne, en se rompant les reins sur les marches de son perron. Ses deux fils, les comtes Philibert et Louis, bons et sympathiques, ont hérité des qualités de leur père, sans hériter de ses défauts.

Près du château de Beauregard, habitation bâtie et créée par M. de Moreton, se trouve le magnifique château de Digoine, qui, à l'époque du mariage de mon frère, appartenait au cousin germain de ma belle-sœur, le comte Théodose de Moreton-Chabrillan[3], député, et est aujourd'hui à son fils unique Jacques. Cette magnifique résidence, rebâtie au siècle dernier par le marquis Aimé de Chabrillan, leur aïeul, est, dans son genre, une des plus belles habitations de Bourgogne, et même de France. Le parc, les avenues, le jardin et les dépendances sont à l'avenant; et lorsque, à l'automne, la très-élégante châtelaine, la comtesse Théodose, réunissait au château de Digoine, avec ses amis de Paris, ses quatre sœurs, aussi gracieuses qu'elle et aussi belles, les comtesses Maison, Duquesne, des Roys et de Béthune, ce petit coin du Charolais n'avait rien à envier aux plus luxueuses, aux plus confortables villégiatures des vieux comtés d'Angleterre.

# NOTES

## DU CHAPITRE NEUVIÈME

1. « Pendant l'année 1793, époque de boue et de sang pour la France, Fouché vint à Moulins. Un des membres de la *Société d'Émulation* de Moulins a raconté récemment les hauts faits du futur duc d'Otrante dans la capitale du Bourbonnais; il a dit comment le citoyen X..., ancien employé dans la gabelle, avait été envoyé à Vichy pour rendre compte de l'état des pays voisins. Sur le rapport qui s'ensuivit, le comte de Viry (il demeurait au Coude, commune de Loddes, et non commune de Barrais, comme le porte le travail de M. Alary) et son homme d'affaires Fresdecont, *déclarés suspects* et d'une *influence nuisible* dans le canton, furent arrêtés. Le comte avait été prévenu la veille par quelques habitants du Donjon, mais il ne put croire que lui, citoyen inoffensif, qui s'occupait surtout de l'administration de ses terres et peu des affaires de la République; lui, dont les sentiments avaient toujours été marqués au coin du patriotisme, serait inquiété. Il n'en fut rien : M. de Viry possédait une qualité que la République savait bien reconnaître et ne pardonnait pas, il appartenait à une souche illustre et sa noblesse n'était pas douteuse. Arrêté à la fin de septembre 1793, il fut mis sur une charrette et dirigé sur Lyon. On raconte que, lorsque la mauvaise voiture qui le transportait arriva sur la grande

route qui va de Paris à Lyon, dans la partie comprise entre Saint-Martin-d'Estréaux à Roanne, alors que la route, s'élevant, laisse voir, dans un horizon immense, la chaîne de collines du Bourbonnais qui se relient aux montagnes du Forez et de l'Auvergne; que de là, disons-nous, il aperçut son château dont la ligne blanche tranchait vigoureusement sur la verdure sévère des sapins qui l'entourent, la vue de ce paysage émut le comte; quelques paroles de regrets et quelques larmes lui échappèrent. Il ne devait plus revoir le Bourbonnais : il fût guillotiné à Lyon le 31 décembre 1793.

« Le comte avait avec lui, depuis de longues années, un domestique nommé Roch Coudrier, natif de la paroisse de Neuilly-en-Donjon. Cet homme était resté longtemps au service de M. de Viry, autant par attachement que pour s'exempter du service de la milice. Les hommes attachés comme serviteurs à la personne soit des membres du clergé, soit de ceux de l'ordre de la noblesse, n'étaient pas soumis au tirage au sort qui désignait les jeunes gens appelés à former les régiments de la milice. Lors de l'arrestation de M. de Viry, Coudrier ne voulut pas abandonner son maître. Ce dernier, reconnaissant de l'attachement de son domestique, lui dit, la veille de son exécution : « Roch, je vais mourir. Je n'ai rien pour te récompenser de tes services; mais pars, va dans le Bourbonnais. A ton arrivée, rends-toi au Coude. Ce que tu pourras prendre je te le donne : ce sera un faible dédommagement de ce que je voudrais faire pour toi. » Coudrier partit, plus tristement préoccupé du sort de son maître que de ses instructions dernières. Cependant il arrive au Coude. L'habitation était sous la dépendance des officiers de justice qui apposaient les scellés. Le comte laissait des dettes, et son unique héritier, Jean-Joseph-Marien-Amédée Challier de Pérignat, son neveu, avait accepté sa succession sous bénéfice d'inventaire. Fort de sa conscience et des dernières paroles de son maître, Coudrier se glissa dans sa chambre, et là il prit un couvert d'argent et deux petits tableaux religieux qu'il parvint à cacher sous ses vêtements. Coudrier mourut dans sa famille, à Neuilly, après de longues années. Quelque temps avant de mourir, il fit don à l'église de son village des deux tableaux du comte. Le portail de cette église, que surmonte une sculpture remarquable, attire l'attention de l'artiste et de l'archéologue. Qu'ils entrent pour visiter l'intérieur, ils s'arrêteront étonnés devant deux petits tableaux, deux admirables copies sur cuivre de l'école flamande : ce sont ceux du comte de Viry. » (*Notice sur la famille de Viry*, par Victor Meilheurat de Montcombroux.)

2. Les sinistres événements du Donjon et de La Palisse ont laissé dans le Bourbonnais des traces profondes et, nous l'espérons, assez durables. Des condamnations sévères furent prononcées contre les assassins reconnus des gendarmes de La Palisse ; mais, ainsi qu'il advient toujours, les meneurs furent les moins punis. La plupart de ces derniers, propriétaires riches, passèrent en Suisse ou ailleurs le temps de leur exil, tandis que leurs frères plus humbles pâtissaient pour eux. — N'est-ce pas la logique fatale de toutes les révolutions, et la Commune de Paris n'a-t-elle pas une fois de plus démontré cette vérité ? — On prétend que l'état-major de l'insurrection recruterait plus difficilement aujourd'hui le troupeau des pauvres diables destinés à servir d'instruments et de victimes. — Serait-ce

un premier bienfait de l'éducation du peuple faite par le suffrage universel ? — Il m'a été dit que dans la nuit du 3 décembre, pendant la marche sur La Palisse, ce fut grâce à l'influence d'un camarade d'enfance à moi, homme d'énergie et d'intelligence, que l'habitation de mon père fut épargnée. « Le vieux baron et les siens pourraient bien se défendre ; ne nous amusons pas ici », aurait-il dit. « Le temps presse, il faut arriver à La Palisse avant le jour. En avant ! » Son avis prévalut. Quel que soit le mobile qui dicta cette résolution, j'en remercie sincèrement celui qui l'a inspirée.

Peu de jours après l'attaque de La Palisse et la dispersion des insurgés par les chasseurs du 1er régiment venus de Moulins, tout le territoire de l'arrondissement fut soumis à une active surveillance. Un détachement sous les ordres des lieutenants de Polignac et de Ménard, vint tenir garnison à La Forêt, chez mon oncle de Sampigny. Par une bizarre coïncidence, un des petits-neveux du châtelain, Ernest de Sampigny, faisait partie du détachement comme maréchal des logis. Le régiment était alors commandé par le colonel de Noue, et la compagnie dans laquelle servait notre maréchal des logis avait pour capitaine un cousin des Forget, Adrien Belland de Chaban. Les cavaliers avaient pour mission de battre les bois du canton où s'étaient retirés les champions les plus dangereux de l'émeute. En raison de l'insuffisance de la troupe, disséminée et peu habituée au pays, un bataillon de volontaires fut organisé à Moulins sous les ordres du vieux comte de Bourbon-Busset. — Le but de cette courageuse défense personnelle ayant été récemment défiguré dans un journal républicain, deux excellents journaux royalistes, la *Gazette d'Auvergne* et le *Mémorial de l'Allier*, ont publié à cette occasion, en janvier 1876, l'article suivant, certainement écrit par un témoin des faits. Le voici :

« Le *Moniteur du Puy-de-Dôme* a publié, sous le titre fantaisiste : *Chasses à l'homme dans l'Allier*, un récit non moins fantaisiste des événements qui eurent lieu au Donjon et à La Palisse en décembre 185.. Le journal radical représente « un groupe nombreux de « gentilshommes et de chasseurs émérites » se réunissant à Moulins, sur le cours Donjat, et partant pour une expédition cynégétique. « Où allaient ces chasseurs ? » demande la feuille radicale, qui répond : A La Palisse. « Et quel devait être leur gibier ? De pauvres diables de « paysans. » Et, partant de là, le rédacteur de l'article nous fait un tableau de gens inoffensifs qu'on allait traquer dans les bois.

« Or sait-on quels étaient ces gens inoffensifs contre lesquels s'armaient les hommes d'ordre ? C'étaient les insurgés du Donjon, ceux qui dans une émeute, le 3 décembre, s'emparaient du maire, du juge de paix et de trois gendarmes, les seuls présents à la brigade, et après les avoir mis sous clef, avec l'adjoint du maire et un capitaine de cavalerie en retraite, M. Robert et M. de la Boutresse, tous deux anciens gardes du corps ; après avoir pillé la boutique de l'armurier et horloger Brun ; après avoir fait sur un château voisin une tentative sans résultat ; après avoir, le lendemain, jeté les prisonniers liés et garrottés sur une charrette, au milieu d'une colonne de trois cents hommes, se dirigeaient sur La Palisse.

« Là, ils trouvent une ville sans défense. Le sous-préfet est retenu prisonnier. La gendarmerie fait son devoir. Des décharges successives ont lieu ; le maréchal des logis tombe frappé à mort ; le lieutenant et trois gendarmes sont dangereusement blessés. Pendant ce temps-là, des troupes arrivent au chef-lieu ; les hommes d'ordre se lèvent et viennent de tous côtés.

« L'insurrection, vaincue, s'était dispersée ; les prisonniers, délivrés, étaient rentrés chez eux. Le 4 décembre au soir, on se porte à leur demeure, on se saisit de nouveau du juge de paix et de l'adjoint, que l'on maltraite en les conduisant en prison. Le maire, prévenu, échappe aux insurgés. Ils fouillent son château, boivent du vin, des liqueurs et emportent, en s'en allant, six ou sept couverts d'argent placés sur une étagère.

« Voilà les faits tels qu'ils se sont passés à cette époque et dont il reste encore de nombreux témoins. Il ne s'agissait pas alors de chasses à l'homme, il s'agissait de se défendre contre des hommes animés des sentiments les plus révolutionnaires, et qui se présentaient armés, ne reculant pas devant la perspective de verser le sang. Ceux qui s'offraient généreusement pour les combattre, « gentilshommes, chasseurs » et autres, n'obéissaient qu'à une seule idée, défendre l'ordre, la paix publique, contre les attaques d'une bande révolutionnaire. Mais prétendre, comme le fait le *Moniteur du Puy-de-Dôme*, que c'était là prêter la main au coup d'État et vouloir servir l'empire, c'est une pure calomnie qui ne peut pas prendre dans notre pays, où tous nous avons eu à souffrir du régime impérial.

« Quand on a souci de la vérité, il faudrait raconter les événements tels qu'ils ont eu lieu, et ne pas parler, en forçant les couleurs, de paysans « chassés à courre », suivis à la piste comme des sangliers, traqués comme des nègres marrons, livrés pieds et poings liés aux sbires du coup d'État ». A cette époque, les honnêtes gens, pris entre la révolution d'en haut et la révolution d'en bas, n'avaient qu'un souci : s'efforcer de maintenir l'ordre et la paix, le respect de la propriété et de la liberté individuelle, menacées par les passions révolutionnaires. » (*Gazette d'Auvergne*, 30 janvier 1877.)

3. *Montaiguet* est une petite ville fort curieuse de la frontière bourbonnaise. Sa belle église, son charmant château, sa porte de ville, remarquable par la vigueur et l'élégance de son architecture, lui constituent un patrimoine archéologique de premier ordre.

Partie en Forez, partie en Bourbonnais, elle doit à cette position exceptionnelle sa richesse monumentale. Mais le Forez eut la principale influence sur la fondation de Montaiguet. Les premières maisonnettes de la petite ville vinrent se grouper autour du château que les comtes de Forez possédaient sur ce point extrême de leur territoire. La construction du château fut donc le signal de la fondation du village; mais quelle fut la date de cette construction? Les documents écrits manquent, et le castel lui-même, réédifié de pied en cap dans le cours du XV^e siècle, n'a conservé aucun vestige de son état primitif. Nous savons seulement que notre château existait dès les premières années du XII^e siècle. Guy II, qui gouvernait le Forez au moment où saint Bernard vint poser dans la campagne roannaise la première pierre de l'abbaye de la Bénissondieu (1138), fit don de son château de Montaiguet à la nouvelle communauté. (*Histoire des comtes de Forez, de La Mure.*)

A partir de cette époque, l'histoire de Montaiguet resta étroitement liée à celle de l'abbaye. Les événements qui se produisirent à la Bénissondieu ne manquèrent pas d'avoir leur contre-coup dans notre village, qui eut toujours part à la bonne comme à la mauvaise fortune des bénédictins. Du reste, les premiers siècles qui suivirent cette donation furent paisibles, aussi bien pour Montaiguet que pour l'abbaye. Dix-neuf moines se transmirent successivement la crosse abbatiale et gouvernèrent *in pace Domini* sans qu'aucun événement notable vînt signaler leur administration. Mais, en 1460, Pierre de la Fin fut élu abbé. Cette élection, qui eut une importance capitale pour la Bénissondieu, fut spécialement favorable à notre *vicus*. Par les magnifiques travaux qu'il y fit exécuter, on peut dire du saint commendataire qu'il fut un nouveau fondateur de Montaiguet. Sous sa direction, le vieux château fut reconstruit et mis dans l'état où nous le voyons aujourd'hui. C'est un charmant spécimen de l'architecture défensive du XV^e siècle. Son plan est carré, avec les saillies de quatre tours d'angle d'inégale grosseur. Une couronne de corbeaux d'une grande force et d'un effet décoratif remarquable supporte les charpentes. Malheureusement le vandalisme révolutionnaire a fait disparaître les sommets aigus des anciennes toitures.

Le château terminé, Pierre de la Fin, avec le concours de deux de ses frères, édifia l'église, qu'il érigea en collégiale. Bien que conçue dans des proportions modestes, cette église est très-élégante et présente certains détails d'architecture peu communs.

Son unique nef est rectangulaire avec les [illegible] de contre-forts puissants. Sa toiture, qui s'élè[illegible] une grande hardiesse, était autrefois couverte en [illegible] vernissées. Seul, le sanctuaire est voûté. [illegible] fâch[illegible] plafond dissimule aujourd'hui, la charpente dont les pièces sculptées concouraient primitivement à la décoration de la nef. Auprès de l'église s'élevaient les bâtiments canoniaux, dont il ne subsiste que des vestiges insignifiants; mais la porte de ville attenante au logis des chanoines est très-bien conservée : elle se compose d'un corps carré surmonté d'une toiture aiguë. Deux tours d'angle défendent le passage. Dans l'une des tours se trouve un escalier à vis qui conduit dans une chambre haute, ancienne salle capitulaire.

Tels sont les édifices de Montaiguet, qui montrent sur leurs vieux murs les armes pieusement conservées de Pierre de la Fin : *d'argent à trois fasces de gueules à la bordure denchée du même.* (Roger de Quirielle.)

4. La famille *de Chabrillan* est fort ancienne. Ce nom vient d'une terre et seigneurie du Dauphiné (Drôme) donnée en 1456 par le Dauphin, depuis Louis XI, à *Antoine de Moreton.* Elle fut érigée en marquisat, par lettres d'octobre 1674, en faveur de Joseph de Moreton. — Un Chabrillan se fit remarquer dans la compagnie du chevalier Bayard; un autre fut tué à la bataille de Cérisoles (1544). — Les Chabrillan étaient de bons et fidèles serviteurs de la monarchie, et je me souviens avoir vu au château de Digoine le portrait d'un vieux lieutenant général de Moreton de Chabrillan, mort en 1803, à quatre-vingt-sept ans, et qui, depuis l'âge de quinze ans, n'avait cessé de servir dans les armées de France.

*Digoine* était une des quatre baronies du comté de Charolais. Guillaume de Digoine et son fils furent tués à la bataille de Poitiers. Louis XI fit trancher la tête à Chrétien de Digoine pour avoir pris le parti de Marie de Bourgogne. Anne de Digoine, fille unique de ce seigneur, transporta cette terre à Jean de Damas de Marcilly, dont les descendants l'ont conservée jusqu'en 1690. A cette époque, elle fut acquise par Éléonore de

Reclesne. Sa petite-fille Jacqueline de Reclesne, comtesse Frottier de la Coste, est morte au château de Digoine en 1809, âgée de quatre-vingt-trois ans. C'est à elle et à son gendre, le comte de Moreton de Chabrillan, que l'on doit la reconstruction du château.

Les très-importants bas-reliefs de Clodion du château de Digoine sont en pierre de Tonnerre et proviennent de l'hôtel de Bezenval, où ils ornaient la salle de bains. L'hôtel de Bezenval, devenu hôtel de Chabrillan vers 1785, appartient à la princesse de Montholon-Sémonville, née de Chabrillan, tante du comte Jacques, possesseur actuel du château. Le plus important de ces bas-reliefs est *la Toilette de Pandore*, une des œuvres les plus célèbres du gracieux et charmant sculpteur. Les balcons et grilles en fer forgé de la façade du château de Digoine sont d'un travail remarquable et d'un style très-pur. La salle de spectacle, construite par Aimé de Chabrillan en 1807, fut décorée par Ciceri.

Pendant les villégiatures si brillantes dont nous parlions, Offenbach, alors chef d'orchestre au Théâtre-Français, était l'*impresario* de la troupe élégante du château de Digoine, notamment dans la saison de 1851. C'est là que le jeune maestro composa ses mélodies les plus populaires, parmi lesquelles la chanson de *Fortunio* et tant d'autres petites réductions de chefs-d'œuvre!

Digoine en Charolais

## CHAPITRE DIXIÈME

Séjour au Coude. — Les voisins. — Le château de La Forêt de Laya. — Mon oncle Henri de Sampigny. — Les cinq cousines. — La saison des vacances et la saison des chasses. — Les soirées d'automne. — La grande salle. — Les derniers souvenirs de jeunesse. — Le départ du collégien pour Paris.

Si jamais, dans mon enfance, le Bourbonnais eut pour moi un attrait, ce n'est point au Coude, il faut bien le dire, que je l'avais trouvé. Depuis la mort de ma mère, survenue en 1844, mes vacances s'écoulaient auprès de mon père d'une façon très-monotone. A part quelques joyeuses parties dans une famille du voisinage, chez le bon notaire du bourg de Montaiguet, M. Aubery, certains dîners chez notre meilleur voisin et ami M. Simon de Quirielle [1], et de rares visites à Varennes-sur-Têche, dans la bonne et charmante famille des Chaux [2], mon père aimait peu à me voir échapper à sa tutelle. Aussi avec quelle impatience attendais-je les derniers jours de septembre pour courir m'installer chez mon oncle, frère de ma mère, le comte Henri de Sampigny. De beaucoup je préférais (faut-il l'avouer?) à la maison paternelle, ce cher La Forêt, où, du vivant de ma mère, nous faisions de si longs séjours!

C'était un vieux manoir très-considérable, situé au milieu des bois et d'immenses prairies, dans un site moins accidenté que le Coude, mais entouré de terres infiniment plus fertiles. Aujourd'hui encore, je sens mon cœur battre chaque fois que je songe à la vieille habitation féodale, si pleine de caractère, avec ses tours et ses tourelles, ses fossés et son pont-levis. Tout dernièrement, en allant visiter un de mes amis, le marquis d'Ivry, au château de Coraboeuf [3], en Bourgogne, je me suis senti ému de retrouver dans la silhouette de ces antiques constructions une ressemblance si complète avec le vieux château de mon enfance.

Mon oncle, marié peu de temps après ma mère avec une jeune fille du Bourbonnais, Mlle Meilheurat des Prureaux, était venu se fixer dans le voisinage de sa sœur, pour laquelle il avait une tendre affection. La terre de La Forêt de Laya, d'une contenance très-étendue et susceptible de grandes améliorations, devint l'unique occupation de son propriétaire. Mon oncle ne la quitta jamais, et lorsqu'en mourant, il y a quelques années, en 1868, il la laissa à son fils, c'était une des propriétés les plus belles et les plus importantes du pays.

Si mon enfance se résume dans Saulnat, La Forêt contient toute ma jeunesse. Comment en serait-il autrement? N'ai-je point eu pour uniques amies et pour compagnes mes cinq cousines, cinq cousines toutes charmantes, grandies avec moi, élevées côte à côte? En vérité, il eût fallu posséder un cœur de marbre pour ne pas les avoir passionnément adorées toutes, ou du moins plusieurs d'entre elles. Ces amours d'enfance, entre la douzième et la dix-septième année, n'ont sans doute rien d'inquiétant ni de bien dangereux; mais que de délicieux souvenirs ils nous laissent! Hélas! où retrouver jamais pareille candeur, pareille vivacité d'impressions? Trois fois heureux celui dont le cœur a tressailli à quinze ans pour la petite cousine! Ces premières et mystérieuses émotions, ces chastes révélations de l'amour, ne se retrouvent jamais ici-bas! Elles portent en elles je ne sais quoi de la grandeur, de la poésie et du calme des âges lointains, des temps héroïques. Tout s'oublie... Elles seules demeurent au fond de l'âme comme un parfum pénétrant qui embaume jusqu'au dernier jour de notre vie.

Ah! que de fois, dans les tourmentes, dans les tristesses qui m'ont trop souvent assailli, ne m'est-il pas arrivé de savourer par le souvenir ces heures bénies de l'enfance et de la première jeunesse, et de m'enfermer dans ce cher passé!

Mon oncle était certes l'homme le meilleur que j'aie rencontré, une de ces rares natures sympathiques à tous. Impossible, devant cette physionomie ouverte, spirituelle et bienveillante, ces regards doux et souriants, de ne point éprouver le désir de le connaître et de l'aimer. Tous ceux qui l'approchaient subissaient son charme, et nul dans le pays ne fut plus aimé et plus populaire. Il ne s'occupait jamais, il est vrai, de politique; sincèrement royaliste et catholique, mais sans intolérance, il laissait agir et penser les autres à leur guise. Sa grande exploitation agricole, qu'il surveillait lui-même, le mettait en contact avec tous les habitants de la contrée, où l'on peut dire qu'il ne comptait pas un seul ennemi.

Que de fois, je m'en souviens, pendant mes vacances, partant avant l'aube, je l'accompagnai à cheval aux foires importantes qui se tenaient aux bords de la Loire, à Digoin, à Talène, à Marcigny! C'était pour moi le plus grand des plaisirs, et alors je ne rêvais pas de vie plus belle que la vie des champs. Depuis, mes goûts se sont modifiés... En suis-je plus heureux?

Les dernières années de la vie de mon pauvre oncle furent attristées par de cruelles souffrances. Retenu par des douleurs inouïes, cet homme si actif, qui avait tant besoin d'exercice sous le soleil, en plein air, était condamné à rester étendu dans un fauteuil une grande partie de l'année. En dépit de ses tortures physiques, de cette énervante immobilité, il n'abandonnait point cette humeur égale, cette bonté dont rien ne pouvait altérer la sérénité. La plupart du temps, il se tenait au rez-de-chaussée, dans une grande salle dont les fenêtres, ouvertes au-dessus des fossés, donnaient sur la campagne. Autour de son fauteuil venait alors se réfugier toute l'animation, toute la vie de la famille. Je la vois encore, cette immense pièce dont les murs étaient tapissés de vieux portraits de famille rapportés d'Auvergne et copiés sur la galerie d'Effiat!

Quelles douces soirées j'ai passées là, devant l'immense cheminée où petillait le feu si caressant des premiers jours d'automne! Ou bien, vers la fin des beaux soirs d'été, près de la fenêtre ouverte, nous entourions le cher malade. C'était l'heure où les chars rentraient à la ferme, où les bœufs regagnaient les étables. De sa place, mon oncle donnait des ordres pour le lendemain et questionnait ses serviteurs; puis la nuit commençait à tomber; les senteurs des jasmins grimpant aux croisées remplissaient la grande salle de leur parfum; la lune se levait lentement, tandis que la conversation continuait sur les travaux de la campagne, sur le temps de demain, la visite d'un voisin, les incidents de famille, sur tout et sur rien. C'était l'heure de la journée que je préférais, cette heure favorite de Mme de Sévigné, *entre chien et loup*, où la conversation prend souvent un tour plus intime. Moi-même, peu bavard d'habitude, je m'enhardissais à parler plus que je ne l'aurais fait aux lumières.

D'autres fois, c'était au château grand jour de battue et de chasse. Tout le voisinage, parents, amis et abbés, débarquait à la fois dans la maison hospitalière que le pauvre châtelain malade animait encore de sa bonté et de sa gracieuse humeur. Toutes les chambres étaient occupées, jusqu'à celle de la grande tour que l'on disait hantée par les revenants [4]. Cette fameuse chambre, je la vois encore... C'est là que dans notre enfance mes cousines et moi enfermions si bien à double tour le jeune séminariste qui me servait de précepteur. Les lendemains de grandes chasses et de réunions, notre La Forêt rentrait dans le calme, et nous nous retrouvions de nouveau et avec plus de joie en famille. Ah! que de souvenirs me rappellent cet heureux âge et ces temps bénis! Que de vides, hélas! parmi les nôtres!

C'était surtout à l'approche du départ pour l'horrible collége que je sentais tout le prix de ce que j'allais quitter. Il fallait m'arracher à tout ce que j'aimais et reprendre pour de longs mois le chemin de la prison, de l'exil. Combien tristes étaient les adieux! L'heure arrivée, on amenait mon cheval devant le perron, du côté de la cour. Toute la famille était réunie. Mon pauvre oncle, appuyé sur sa canne et sur l'épaule d'une de ses filles, se traînait jusque-là pour assister à mon départ. Ma tante me prenait à l'écart pour m'adresser quelque dernière recommandation de sagesse et glisser dans ma poche une petite bourse garnie. Puis je les embrassais tous à la ronde, retenant les pleurs qui gonflaient mes yeux, et non sans serrer, peut-être, une petite main plus étroitement que les autres; puis je grimpais en selle et partais au galop!

Hélas! à peine hors de vue et caché par les arbres de l'avenue, nous ralentissions notre monture... Voilà tout à coup notre grand courage abattu et le beau cavalier pleurant à chaudes larmes !

Une dernière fois, au bas de la colline, je retournais la tête. Hissé sur les étriers, je cherchai à apercevoir l'extrémité de la haute tour, envoyant vers la chère maison un long adieu... Puis tout était dit.

# NOTES

## DU CHAPITRE DIXIÈME

1. Dès le XVIe siècle, les *Simon* étaient fixés en Bourbonnais, où ils possédaient des fiefs importants. Ils se divisèrent de très-bonne heure en plusieurs branches qui se distinguèrent par le nom d'un fief. Je ne citerai que les Simon *de Quirielle*, les Simon des Placiers, et enfin les Simon de Maupas. — La branche des Simon de Maupas a fourni un chevalier de Malte, dont le tombeau, aux armes de sa maison, se trouve encore à Malte.

Ces divers rameaux ne tardèrent pas à se fondre dans les Simon *de Quirielle*, qui eurent des emplois considérables dans leur province de Bourbonnais. Du XVIIe au XVIIIe siècle, ils furent de père en fils trésoriers de France pendant trois générations, et possédèrent le titre de conseillers du Roi. Aujourd'hui la famille Simon de Quirielle est représentée par trois frères : Louis, qui habite Montaiguet ; Xavier, qui habite La Palisse, et Paul, ancien maire de Montbrison, et ses enfants. M. Xavier de Quirielle a de son mariage avec Mlle de Soultrait deux enfants : Roger et Madeleine. — MM. de Quirielle ont une sœur aînée, mariée en Savoie à un ancien membre du Parlement piémontais, M. Girod de Montfalcon.

2. La famille *Bouquet des Chaux* et *Bouquet de la Grye*, originaire d'Albigeois, s'est établie en 1610 à Ambierle, en la personne d'Étienne Bouquet, qui eut deux enfants: Claude Bouquet, auteur de la branche de la Grye et d'Espagny, et Blaise Bouquet, auteur de la branche des Chaux. — Le nom de la Grye est resté à la branche issue de Jacques et d'Antoinette Mallet par Antonin, garde du corps de Louis XVIII, marié en 1823 à Justine de Labrosse. Il est porté par leurs enfants : Amédée, conservateur des eaux et forêts; Anatole, ingénieur hydrographe de la marine, et Eugénie, mariée à feu Antoine de Ribercelles.— La branche des *des Chaux* tire son origine de Blaise, fils d'Étienne. Blaise épousa en 1649 une demoiselle de la Grye, fille de Gaspard de la Grye et de Pâquette de Noailly. C'est d'eux que descendent les enfants de Victor des Chaux et de Ferdinand des Chaux, établis en Bourbonnais. Ce dernier, notre fidèle ami, habitant Varennes-sur-Tèche, marié à Mlle Meilheurat des Virots, est mort il y a quelques années, laissant un fils, Édouard, et une fille, Herminie, morte récemment, après son mariage avec le comte de la Celle. — La terre de la Grye, près Ambierle, appartient aujourd'hui à Henri de Laire, comte d'Espagny, du chef de son oncle Jules Bouquet d'Espagny, trésorier général à Lyon, mort en 18;6.

3. Il y a quelques mois, je visitai certain côté de la Bourgogne que je ne connaissais pas encore. Pour arriver à Meursault, but de mon voyage, je descendis du chemin de fer à la station de Beaune, cette ville ravissante, aussi célèbre par ses vins que par son merveilleux hôpital. Une demi-heure me suffit pour traverser en voiture ces admirables coteaux et ces villages million-

naires de Volnay, de Pomard et de Meursault. C'est dans ce dernier bourg qu'habite mon unique neveu, César d'Ideville, marié à la fille de M. Jules Bernard, bon vigneron de Meursault, un des plus aisés parmi ces aisés propriétaires. L'aimable homme a fait construire dans son village, sur l'ancienne habitation déjà très-confortable de son père, une demeure aussi élégante qu'un hôtel du parc Monceaux; toutefois, le plus grand de ses luxes est de posséder autour de sa maison un vrai petit parc, dont chaque mètre carré, aujourd'hui improductif, serait payé, dit-on, par ses voisins au poids de l'or.

Sur l'autre versant, le versant nord de ces riches coteaux, l'aspect du paysage change : ce sont des bois, de grandes collines peu fertiles, d'un aspect aussi sombre, aussi sévère que celui de la Côte-d'Or est riant. Environ à cinq lieues de Beaune-Meursault se trouve, près le village d'Ivry, le vieux château de Coraboeuf, appartenant à mon ami le marquis Paul d'Ivry, ce vieux château dont la vue m'a fait tressaillir en me rappelant le manoir de La Forêt.

On dirait que ces vieilles habitations féodales n'ont plus conservé aujourd'hui d'autre privilége que celui d'abriter de braves et de nombreuses familles. Comme l'ancien châtelain du Bourbonnais, le propriétaire de Coraboeuf s'occupe d'agriculture; toutefois, à cette passion se joint le culte de la musique, si bien qu'à cette heure d'Ivry est un de nos jeunes maîtres d'avenir. Mon oncle, le paysan-seigneur de La Forêt, avait six enfants; son fils Ignace en a déjà cinq; le marquis d'Ivry, maître de Coraboeuf, en possède onze.

*Coraboeuf*, ancien manoir des seigneurs d'Ivry, a appartenu aux Salins-la-Tour, aux Fossey, aux Cluny, aux

Toulongeon, aux Spada et finalement aux Richard. En 1777, la terre d'Ivry fut érigée en marquisat en faveur de Jean Richard de Curty, marquis d'Ivry, capitaine aux mousquetaires. Ce Richard, originaire de Beaune, descendait de Jean Richard, conseiller de l'hôtel du duc de Bourgogne en 1268. En 1585, Jacques Richard de Bligny et son frère Michel Richard de Curty se mirent à la tête des habitants de Beaune et chassèrent les soldats de Mayenne pour proclamer Henri IV. En 1704, Pierre Richard de Curty plus tard maréchal de camp, et alors capitaine au régiment de Provence, enleva, à la tête de sa compagnie, le bastion du levant lors du siége de Barcelone. Le château de Coraboeuf a par deux fois été incendié dans le courant du XVIe siècle. Les Huguenots le brûlèrent, puis ce fut au tour des Ligueurs. Du château primitif il est resté la poterne, ainsi que le donjon, magnifique tour carrée du XIIe siècle. — On exécute en ce moment à Coraboeuf d'importants travaux de restauration.

4. Le vieux château féodal de *La Forêt*, avec ses tours, son donjon, ses fossés et son pont-levis, isolé au milieu des bois, ne pouvait manquer de mettre en frais les chroniqueurs et auteurs de légendes. — Les premiers propriétaires, furent, au XVe siècle, vers 1438, Guillaume de Viry, seigneur de La Forêt, puis Jean Turpin, seigneur de Laya (1641), Guilbert Vialet (1657) et Charles Legendre (1687), seigneur de Saint-Aubin. C'est à cette époque que la terre de La Forêt fût affermée et habitée par Robert de La Motte-Morgon, seigneur de Saligny, gentilhomme de M. le duc d'Orléans (1729). Là commencent les légendes qui attribuent à ce chevalier, sous le nom de *Robert le Diable*,

de nombreux méfaits, qui le rendirent la terreur du pays. Sans doute, le gentilhomme de la Régence avait des mœurs légères et la conscience large ; mais il est plus que probable que les déprédations et les cruautés à lui attribuées sous le nom de Robert le Diable durent être confondues avec les méfaits dont se rendit coupable un seigneur de son temps, le comte de Charolais. Toujours est-il que les vieux paysans de la contrée se racontent encore avec terreur les méchants tours du seigneur Robert. — En 1750, le célèbre Pâris de Montmartel, marquis de Brunoy, devint acquéreur de la terre et seigneurie de La Forêt. Chose singulière, il avait acquis la terre de Sampigny en Lorraine, que notre aïeul de Réhez, comte de Sampigny, avait abandonnée pour venir s'établir en Auvergne, au château d'Effiat. Ce fut des héritiers de Pâris de Montmartel et de Jean Vivant de Courbeton, président à mortier du Parlement de Dijon, que mon oncle le comte Henri de Sampigny acheta La Forêt en 1828. Si un Pâris était, au milieu du siècle dernier, seigneur de Sampigny, un Sampigny est dans le siècle présent, propriétaire de La Forêt. (Voir page 186, note 5 du chapitre VII.)

La terre de La Forêt appartient aujourd'hui à mon cousin germain le comte Ignace de Sampigny, marié en 1868 à Mlle Marie du Chambon. De mes cinq cousines, trois seulement survivent : Adélaïde-Gabrielle, veuve d'Auguste de Bricourt ; Bathilde, veuve de Wilfrid de Chasteigner, président du tribunal de Beaune, et Laure, mariée à M. Louis de Chantemerle, sénateur de l'Allier. Des deux autres, l'une Thérèse avait épousé à Marseille M. Louis de Bovis ; la plus jeune, Marguerite, M. Chesne de Flaigey, qui a succédé à Beaune, comme président du tribunal, à son regretté beau-frère, Wilfrid de Chasteigner, magistrat de grand avenir, mort en 1873.

Par suite d'une coïncidence assez bizarre, trois terres appartenant aujourd'hui à des membres de la famille de Sampigny se trouvaient réunies, aux siècles derniers, dans la main des comtes de Viry. C'est la terre de La Forêt, aujourd'hui à mon cousin Ignace de Sampigny; la terre du Coude, à mon frère; enfin la terre et le château de Lagarde en Auvergne, qui appartient du chef de sa mère, née de Viry, à notre cousin le comte Louis de Sampigny d'Issoncourt, marié en 1844 à Mlle de Vichy-Champrond. De ce mariage est issu un fils unique, le comte Étienne.

Une autre branche éloignée de Sampigny, établie en Vivarais, a pour représentants : le comte Gustave de Sampigny, ancien capitaine d'infanterie; marié à Mlle Bureaux du Colombier, sa sœur Ernestine, religieuse, et sa sœur cadette Gabrielle, mariée à Bourges au vicomte de Bengy.

Les armes des Sampigny sont : de gueules au sautoir d'argent; les supports, deux sauvages; le cimier, un sauvage issant; la devise, *Tace, sed memento*.

# TABLE DES CHAPITRES

Pages.



## CHAPITRE SEPTIÈME



## CHAPITRE HUITIÈME



## CHAPITRE NEUVIÈME

# TABLE

## DES MATIÈRES CONTENUES DANS LES NOTES

---

# LISTE DES SOUSCRIPTEURS

AUX

## CHATEAUX DE MON ENFANCE

(AUVERGNE ET BOURBONNAIS)

(*Édition papier de Hollande avec eaux-fortes*)

---

Son Altesse Royale Monseigneur le COMTE DE PARIS.

Son Altesse Royale Monseigneur le DUC DE CHARTRES.

Son Altesse Royale Monseigneur le DUC D'AUMALE.

Son Altesse Royale Monseigneur le DUC DE MONTPENSIER.

---

Le comte AMELOT DE CHAILLOU, à Rome.

Le comte ARMAND, à Lisbonne (Portugal).

Le baron D'ARNOUX, au château d'Entraigues (Puy-de-Dôme).

M. Xavier AUBRYET, à Paris.

M. Théophile AUBERY, à Marcigny (Saône-et-Loire).

Le comte DE BAILLON, au château de Chissay (Loir-et-Cher).

M. David BANDERALI, à Paris.

Le vicomte DE BAR, au château de Davayat (Puy-de-Dôme).

Le baron DE BARANTE, au château de Barante (Puy-de-de-Dôme).

M. CLAUDE DE BARANTE, au château de Barante (Puy-de-Dôme).

Le comte LE FEBVRE DE BÉHAINE, à Munich (Bavière).

M. ALEXANDRE BELLAIGUE DE BUGHAS, au château de Varvasse (Puy-de-Dôme).

M. JULES BERNARD, à Meursault (Côte-d'Or).

Le colonel baron DE BERTHOIS, au château des Bretonnières (Ille-et-Vilaine).

Le général DE BIRÉ, à Moulins (Allier).

La baronne L. DE BONNEFOY, née DE RUOLTZ, au château de Chirat (Allier).

M. RAOUL DE LA BRUNETIÈRE, au château de Pontmort (Puy-de-Dôme).

M. ALEXANDRE DE LA BRUNETIÈRE, à Paris.

M. HENRI DE BRICOURT, au château de Montreuil (Nièvre).

Le capitaine vicomte DE BERMINGHAM, à Angers (Maine-et-Loire).

M. BOUDET DE MONTGASCON, à Montgascon (Puy-de-Dôme).

Le général ALFRED BOCHER, à Guéret (Creuse).

Mme DE LA BORDE, née DES GARETS, au château de Marolles-en-Hurepoix (Seine-et-Oise).

Le baron OTHON DE BOURGOING, à Buda-Pesth (Hongrie).

Le commandant RAOUL DE BOISDEFFRE, à Alger.

Le colonel comte DE BOISDENEMETZ, à Sedan (Ardennes).

M. ERNEST BRIERRE DE BOISMONT, à Saint-Mandé (Seine).

M. ÉDOUARD LE BLANT, à Tunis (régence de Tunis).

Son Éminence le cardinal DE BONNECHOSE, à Rouen.

M. STÉPHANE BUCHOT, à Paris.

Le prince Joseph de CARAMAN-CHIMAY, hôtel du Gouvernement, à Mons (Belgique).

Le baron de CARAYON-LATOUR, à Paris.

Son Excellence le maréchal CANROBERT, à Paris.

Le vicomte Guillaume de CHABROL, au château de Joserand (Puy-de-Dôme).

Le marquis Jacques de CHABANNES LA PALICE, au château de La Palice (Allier).

La comtesse Alfred de CHABANNES LA PALICE, au château de La Palice (Allier).

La comtesse Antoine de CHABANNES LA PALICE, au château de La Palice (Allier).

M. Émile CHABERT, à Mont-de-Marsan (Landes).

Le vicomte Geoffroy de CHATEAUBRIAND, au château de Combourg (Ille-et-Vilaine).

M. Louis de CHANTEMERLE, au château du Verger (Allier).

Mme Wilfrid de CHASTEIGNER, née de SAMPIGNY, à Riom (Puy-de-Dôme).

M. Ernest CHAPELLIER, à Paris.

M. Étienne de CHAZELLES, au château de Bezance (Puy-de-Dôme).

M. Pierre de CHAMPROBERT, au château de Champrobert (Puy-de-Dôme)

Le docteur Achille CHÉREAU, à Paris.

Le baron Joachim de CHOLET, au château de Beauregard (Loir-et-Cher).

M. le président CHESNE DE FLAIGEY, à Beaune (Côte-d'Or).

M. Paul CLÉMENT, au château de Rives (Isère).

M. Alphonse du CORAIL, au château des Dagneaux (Puy-de-Dôme).

Le lieutenant-colonel Charles CORBIN, à Bourges (Cher).

Mlle Marie de CRILLON, duchesse de MAHON, à Avignon (Vaucluse).

Le capitaine FAYOLLE DE CORUS DE CHAPTES, au château du Couret (Haute-Vienne).

M. Alphonse DAUDET, à Paris.

Mme S. de CHAZELLES, née de RIGAUD, au château du Chancel (Puy-de-Dôme).

M. Edmond CLAYEUX DES GOUTTES, au château des Gouttes (Allier).

Comte Artus de COSSÉ-BRISSAC, à Paris.

M. Édouard des CHAUX, à Varennes-sur-Tèche (Allier).

Mme CARRABY, à Paris.

Le prince Ladislas CZARTORYSKI, à l'hôtel Lambert, à Paris.

M. Jules DELAFOSSE, à Vire (Calvados).

M. Adrien DESCLOZEAUX, à Paris.

Le comte Joseph DUCROS, à Paris.

M. Ernest DEMAY, à Veulettes (Seine-Inférieure).

M. Léopold DEROME, à Paris.

M. Léonce DUMONT, à Neuilly (Seine).

Mme René DUPUY DE LA GRANDRIVE, au château de Neschers (Puy-de-Dôme).

Le comte Émile DESAGES, à Belgrade (Serbie).

M. Alexandre DUMAS fils, à Paris.

M. Henri de LAIRE, comte d'ESPAGNY, au château de la Grye (Loire).

M. H. ROUX, marquis d'ESCOMBRERA, à Marseille.

La baronne de FORGET, née de LAVALETTE, à Paris.

Le baron de FORGET, au château de Pagnant (Puy-de-Dôme).

Le baron FAIN, à Paris.

M. A. FAUGÈRE-DUBOURG, à Nérac (Lot-et-Garonne).

Le baron DE FRETAT, au château de Pontmort (Puy-de-Dôme).

Mme E. DE FROMENT, née FAYOLLE DE CHAPTES, au château de Lorgues (Nièvre).

M. ALPHONSE FERRAND DE FONTORTE, au château de Fontorte (Allier).

M. PAUL FOURCHY, au château de la Gautrèche (Maine-et-Loire).

M. ROGER DE FÉLIGONDE, au château du Chatelard (Allier).

Le baron JULES FINOT, au château de Langé (Indre).

Le marquis DE GANAY, au château de Fougerette (Saône-et-Loire).

Le comte MAURICE DE GANAY, à Paris.

Le lieutenant-colonel LUDOVIC DES GARETS, à Saint-Omer.

Le baron E. VOYSIN DE GARTEMPE, au château de Maupertuy (Puy-de-Dôme).

Le vice-amiral comte de GUEYDON, au château de Kerlaran, en Landerneau (Finistère).

L'abbé GUIRAL, curé de Boulogne-sur-Seine.

Le comte THÉODULE DE GRAMMONT, au château de Villersexel (Haute-Saône).

M. ERNEST GUILLAUME, au château de Feurs (Eure).

Mme GUYNEMER, à Paris.

M. JEAN-JACQUES HENNER, à Paris.

M. ÉDOUARD HERVÉ, à Paris.

Le baron D'IDEVILLE, au château du Coude (Allier).

Le baron CÉSAR D'IDEVILLE, à Meursault (Côte-d'Or).

Mlle HÉLÈNE D'IDEVILLE, à Paris.

M. CHARLES ITASSE-GEUFFRON, à Paris.

M. ALBERT JOUET-PASTRÉ, à Paris.

Le baron RAOUL DE JOUVENEL, à Bourges (Cher).

Le marquis Paul d'IVRY, au château de Corabœuf (Côte-d'Or).

M. Ernest BOSQUILLON DE JENLIS, villa d'Oxelaere (Nord).

Georges de LACOUR-FAIN, au Havre (Seine-Inférieure).

M. de LACOTARDIÈRE, au château de Chaillou (Indre).

M. Emmanuel de LALAIN-CHOMEL, au château de la Ville-du-Bois (Seine-et-Oise).

Le baron LARREY, à Paris.

M. Auguste LAUGEL, à Paris.

Le comte Barthélemy de LAS CASES, à Madrid (Espagne).

M. Henri LASSERRE, à Paris.

M. Charles LASSERRE, à Port-Sainte-Marie (Lot-et-Garonne).

La princesse A. de LA TOUR D'AUVERGNE, née BOSSI, à Paris.

M. Élie de LAVALLÉE, à Saint-Quentin (Aisne).

S. G. Mgr l'archevêque LAVIGERIE, à Alger.

Le comte Ludovic LEPIC, à Paris.

Le prince LUBOMIRSKI, à Paris.

La comtesse Amicie de LARDEREL, à Florence (Italie).

Le vicomte de LAUZANNE, au château de Clerlande (Puy-de-Dôme).

Mme Eugène L'HEUREUX, à Paris.

Le comte Joachim MURAT, au château de la Bastide-Murat (Lot).

M. MARCILLET, à Alger.

Mme de MARPON, née de WAUTHIER, au château de Mont-Joli (Puy-de-Dôme).

Le comte Martha BECKER, au château d'Aubiat (Puy-de-Dôme).

Le docteur Amédée MAURIN, à Alger.

Mlle Julie MARTIAL-POTÉMONT, à Paris.

M. Gaston DUPRAT DE MEZAILLES, au château de la Hitte (Lot-et-Garonne).

M. Félix MEILHEURAT DES PRURAUX, au château des Pruraux (Allier).

M. Louis MOLIN, à Bernay (Eure).

M. Henri MURE, à Compiègne (Oise).

Le docteur Auguste MORAND, à Pithiviers (Loiret).

Le comte Jacques de MORETON DE CHABRILLAN, au château de Digoine (Saône-et-Loire).

Le comte Philibert de MORETON DE CHABRILLAN, au château de Beauregard (Saône-et-Loire).

Le comte Louis de MORETON DE CHABRILLAN, au château de Clessy (Saône-et-Loire).

Le marquis Philippe de MORNAY, au château de Montchevreuil (Oise).

Le comte Anatole O'DONNELL, à Paris.

Mme PHILIPON, à Larrey (Côte-d'Or).

Le comte Artus de PINA, à Rotterdam (Hollande).

M. Henry de PÈNE, à Paris.

M. Jules de LA PORTE, à Paris.

M. Julien POINSOT, à Dijon (Côte-d'Or).

Le marquis du PUY DE QUIQUERAN-BEAUJEU, au château de Maquilly (Sarthe).

Le commandant BUREAUX DE PUZY, à Fontainebleau (Seine-et-Marne).

M. Louis de QUIRIELLE, à Montaiguet (Allier).

M. Paul de QUIRIELLE, à Montbrison (Loire).

M. Roger de QUIRIELLE, à La Palisse (Allier).

M. Léopold RENOUARD, à Paris.

Le comte de RÉSIE, à Paris.

M. Léon RENIER, à Issoire (Puy-de-Dôme).

M. Louis RAMBOURG, au château de La Ferté (Nièvre).

M. Charles RAMBOURG, château de Châteauvert (Nièvre).

Le conseiller Joseph RICHERT, à Alger.

La comtesse de ROCHEPLATTE, au château de Rocheplatte (Loiret).

Le comte Ernest de ROCHEGUDE, au Havre (Seine-Inférieure).

Le baron Edmond de ROTHSCHILD, à Paris.

M. Charles ROSSIGNEUX, au château de Bouret (Loir-et-Cher).

M. Henri de LA ROZERIE, à Paris.

Le vicomte Albert de RUBELLES, au château de Pouzat (Allier).

Lord Odo RUSSEL, à Berlin.

M. Philippe de SAINT-ALBIN, à Paris.

Le marquis de SAINT-AMAND, au château de Saint-Amand (Nièvre).

M. René de SAINT-FOIX, à Marseille.

M. Olivier de SAINT-FOIX, au château de Boisdenemetz (Eure).

M. l'abbé SANÉ, à Boulogne-sur-Seine.

Le lieutenant-colonel SAINT-MARC, à Laval (Mayenne).

M. Barthélemy SAINT-MARC GIRARDIN, au château de Morsang-sur-Seine (Seine-et-Oise).

Le comte Étienne de SAMPIGNY D'ISSONCOURT, au château de Lagarde (Puy-de-Dôme).

Le comte Ernest de SAMPIGNY, au château de Denone (Puy-de-Dôme).

Le comte Ignace de SAMPIGNY, au château de La Forêt-de-Laya (Allier).

Le comte Gustave de SAMPIGNY, au Pouzin (Ardèche).

Le comte BALBO BERTONE DE SAMBUY, à Turin (Italie).

La comtesse de SAULIEU, au château de Davayat (Puy-de-Dôme).

Le marquis CHARLES DE SALVERT DE BELLENAVE, au château de Bellenave (Allier).

Le docteur en théologie SCHŒPMAN, à Utrecht (Hollande).

Mme la Supérieure SŒUR JEANNE du Bon-Secours, à Moulins (Allier).

La baronne DE SOUBEYRAN, née DE ROVIGO, au château de Saint-Julien (Vienne).

La baronne DE SOUBEYRAN, née DE SAINTE-AULAIRE, à Paris.

Le baron CHARLES DE TALLEYRAND-PÉRIGORD, à Florence (Italie).

Le comte ÉDOUARD DU TOUR, à Turin (Italie).

Le marquis JACQUES DE TRACY, au château de Paray (Allier).

M. LOUIS TESTE, à Paris.

Le baron DE VEAUCE, au château de Veauce (Allier).

Mme DE VISSAC, née FAYOLLE DE CHAPTES, à Culhat (Puy-de-Dôme).

Le comte THÉOBALD WA[illegible]H, à Paris.

# EAUX-FORTES

Frontispice. — Riom. — La rue du Commerce en 1840. — La fontaine. — L'église du Marthuret.

1. Armes de la province d'Auvergne. — Saulnat en Auvergne. (Chevalier Claude de Forget ; comte Hyacinthe de Sampigny.)

2. Maupertuy en Auvergne. (Voysin de Gartempe.)

3. Notre-Dame du Marthuret. — Établissement des Pères à Cellule. — Petit séminaire du Bon-Pasteur. — Église et place de Cellule.

4. Porche de l'église du Marthuret.

5. Veauce en Bourbonnais. (De Veauce.) — Le Chatelard en Bourbonnais. (Féligonde ; Puységur.)

6. Royat ; l'église et le puy de Dôme. — Randan en Auvergne. (Bourbon-Orléans.)

7. Pagnant en Auvergne. (Lavalette, Beauharnais.) — Denone en Auvergne. (Sampigny, de Longueil.)

8. Armes de la province de Bourbonnais. — Château de La Palice en Bourbonnais. (Chabannes de La Palice; ville de La Palisse.)

9. Le Coude en Bourbonnais. (Arthaud de Viry; Le Lorgne d'Ideville.) — Effiat en Auvergne. (Effiat; Sampigny.)

10. Digoine en Charolais. (Moreton de Chabrillan.) — La Forêt-de-Laya en Bourbonnais. (Sampigny.)

*Ce livre imprimé*

CHEZ DAMASE JOUAUST

A Paris, rue Saint-Honoré, 338

*A été achevé*

LE 15 SEPTEMBRE 1877

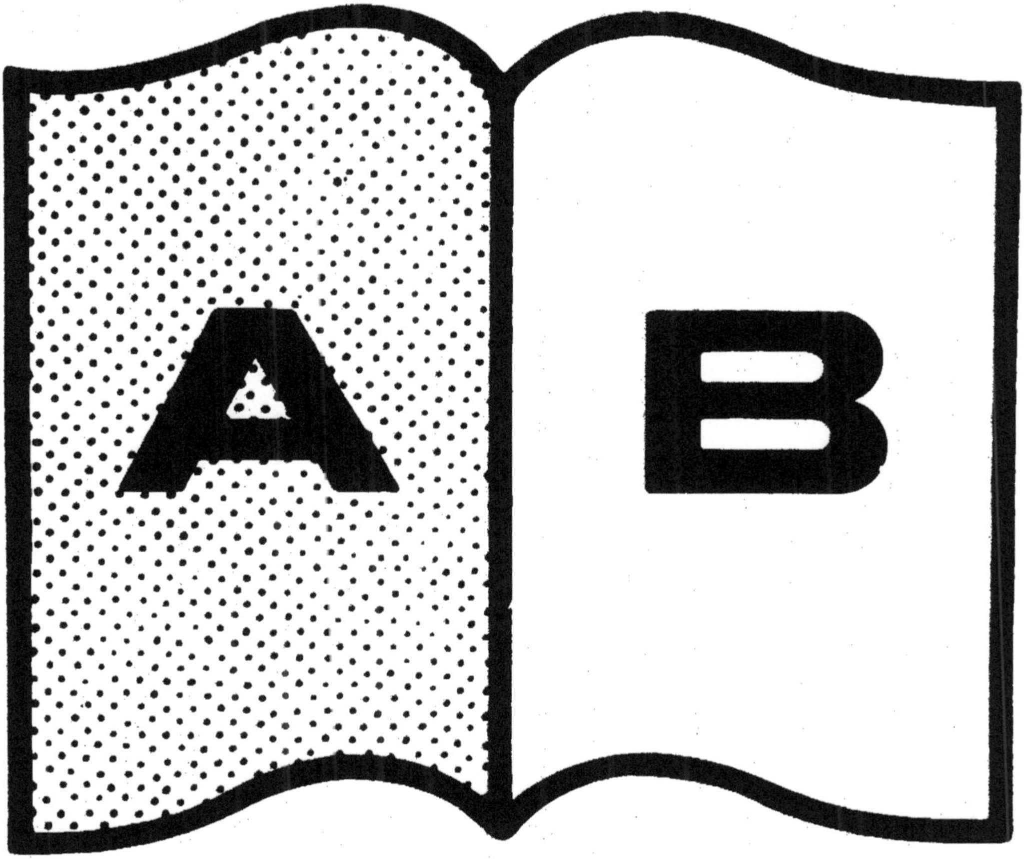


Contraste insuffisant

NF Z 43-120-14

www.ingramcontent.com/pod-product-compliance
Ingram Content Group UK Ltd.
Pitfield, Milton Keynes, MK11 3LW, UK
UKHW031833260826
14628UKWH00001B/361

9 782011 873262